Ulf Annel

111 Orte an der Unstrut, die man gesehen haben muss

Mit Fotografien von Juliane Annel

111

emons:

Bibliografische Information der Deutschen Nationalbibliothek
Die Deutsche Nationalbibliothek verzeichnet diese Publikation in der Deutschen Nationalbibliografie; detaillierte bibliografische Daten sind im Internet über http://dnb.d-nb.de abrufbar.

Layout: Eva Kraskes, nach einem Konzept von Lübbeke | Naumann | Thoben
Kartografie: altancicek.design, www.altancicek.de
Kartenbasisinformationen aus Openstreetmap,
© OpenStreetMap-Mitwirkende, ODbL
Druck und Bindung: Lensing Druck GmbH & Co. KG, Feldbachacker 16, 44149 Dortmund
Printed in Germany 2018
ISBN 978-3-7408-0347-6
Originalausgabe

Vorwort

Dies ist kein Reiseführer, schon gar nicht mit Vollständigkeitsanspruch. Aber verführen will dieses Buch schon, vielleicht auch entführen, und zwar Sie in eine Flusslandschaft, die in ihrer sanften Schönheit ihresgleichen sucht. Die Unstrut fließt knapp 200 Kilometer durch Thüringen und Sachsen-Anhalt. Sie verbindet das katholische Eichsfeld mit dem Kernland der lutherischen Reformation. An ihren Ufern fanden große Schlachten statt, eine besiegelte das Ende des Thüringer Königreiches. Heute kann man auf dem Unstrut-Radweg von der Quelle bis zur Mündung radeln, Rast machen in Städten und Dörfern voller Sehenswürdigkeiten, Kultur und Kunst, gemischt mit Skurrilem und so mancher Überraschung. Und man kann von der Unstrut aus bis Hamburg paddeln, dabei Eisvögel oder den zurückgekehrten Biber beobachten.

Per pedes, Pedal und Paddel also können Sie zwischen Quellhaus und Himmelsscheibe von Nebra unterwegs sein, sich auf die Spuren der literarischen Schnulzenmutter oder des deutschen Kabarettvaters begeben oder Burgen und Schlösser besuchen, eines ist voller Eier. Selfies mit Persiluhr, Zahnbürstendenkmal oder Lamas sind hier problemlos möglich. Für Essen und Trinken ist gesorgt, nahe der Quelle gibt es gute Thüringer Würste und kurz vor der Mündung Saale-Unstrut-Weine. Und dazwischen? Der Neugier sind keine Grenzen gesetzt, aber ein Weg ist hiermit vorgeschlagen: immer entlang der Unstrut.

Und vielleicht wird ja auch dem einen Unstrutanwohner oder der anderen Unstrutanwohnerin die eine oder andere bisher unbekannte Geschichte erzählt. Vielleicht? – Sicher!

111 Orte

1_ Von Anfang an

Die Unstrutquelle

Was tun Flüsse gewöhnlich an ihrem Anfang? Sie entspringen. Was für ein schönes Verb, das an springlebendiges, sauberes Sprudeln denken lässt, aber auch schon den Abschied andeutet – das Wasser entfernt sich vom ursprünglichen Ort. Friedrich Schiller hat es wohlformulieret: »An der Quelle saß der Knabe, Blumen band er sich zum Kranz, und er sah sie fortgerissen, treiben in der Wellen Tanz! Und so fliehen meine Tage wie die Quelle rastlos hin! Und so schwindet meine Jugend, wie die Kränze schnell verblühn.« Der Fluss als Symbol des Lebens, als Sinnbild von Werden, Sein und Vergehen.

Die Unstrut entspringt westlich von Kefferhausen in Nordthüringen im südlichen Eichsfeld. Der Vollständigkeit halber: Sie fließt nach Osten.

Seitdem der Mainzer Erzbischof Heinrich I. anno 1146 das Dorf Kefferhausen geschenkt bekam, ist es urkundlich erfasst. Aber ein paar Jahre muss es da schon existiert haben, sonst hätte ja der Schenker, ein Herr von Kirchberg, nichts zu verschenken gehabt. Kurz war Kefferhausen auch Eigentum des Königs von Westphalen. Ab 1815 allerdings gehörte es – eine bösartige Doppelbeleidigung – zur Provinz Sachsen. Das Eichsfeld ist weder Provinz, noch ist der Eichsfeld-Thüringer Sachse. Frauen eingeschlossen.

Die Unstrut wurde einst Onestrudis genannt, später Unestrude oder Vnstruod. Das germanische »Strodu«, was Sumpfdickicht bedeutet, beschreibt die Unstrut in ihrem früheren Zustand sehr gut, eine Auenlandschaft, oft überschwemmt, Unheil über die Menschen am Fluss bringend. Insofern steht die Unstrut sprachlich in einer Reihe mit Un-Wetter, Un-Fall, Un-Zufriedenheit und Un-Terricht. Scherz beiseite. Die Quelle ist mit einem kleckerburgähnlichen kleinen Haus überbaut. Vor einigen Jahren stand es noch im Wald. Jetzt ist das Gelände rundherum großzügig gestaltet und bietet Platz auch für größere Veranstaltungen wie Unstrut-Läufe und Radwandertage.

Adresse Hauptstraße, 37351 Kefferhausen | **Anfahrt** auf der Hauptstraße aus dem Ort heraus in nordwestlicher Richtung, rechts halten, Ausschilderung folgen | **Tipp** Zentrum des Thüringer Eichsfeldes ist Heilbad Heiligenstadt. Dreierlei nicht versäumen: Besuche des Heimatmuseums und des Storm-Museums sowie Kauf einer Stracke, eine Wurstköstlichkeit.

2 Heiligs und Unheiliges

Die Kirche Sankt Gertrud

Der architektonische Hingucker der Landstadt Dingelstädt ist die katholische Pfarrkirche Sankt Gertrud. Die Namenspatronin wird als jungfräuliche Heilige verehrt. Gertrud, Äbtissin des Augustinerinnenklosters Nivelles in Belgien, Tochter Pippins des Älteren, verwandt mit Karl dem Großen, war schon mit 14 Jahren Nonne geworden. Sie kümmerte sich um Arme, Kranke und Gebrechliche und verschloss die Klostertür auch nicht, wenn fahrende Schüler oder Wandergesellen um etwas zu essen baten. Übrigens war Gertrud Feministin, denn sie meinte, auch Mädchen müssten alphabetisiert werden, sonst könnten sie ja die Bibel nicht lesen.

Der heutige neugotische dreischiffige Bau ersetzte Mitte des 19. Jahrhunderts die zu klein gewordene Vorgängerkirche. Im Kirchenbuch von Sankt Gertrud ist unter »1735/194/06« die Geburt von Christian Joseph Jagemann verzeichnet. Der wurde von seinen Eltern 1752 zum Eintritt in das Erfurter Augustinerkloster gezwungen. So schnell er konnte, floh er von dort, und zwar nach Dänemark, wo er als Hauslehrer Arbeit fand. Das Heimweh trieb ihn zurück. Das versöhnte zwar die Eltern, aber die Kirche schickte ihn zur Sühne als Priester zunächst nach Italien. Erneut heimgekehrt, wurde er vom Mainzer Kurfürsten zum Direktor eines kirchlichen Gymnasiums in Erfurt ernannt. 1775 holte Herzogin Anna Amalia den inzwischen zum Protestantismus Übergetretenen als Rat und Bibliothekar nach Weimar.

Jagemann zeugte drei Kinder. Das älteste war weiblich, hoch talentiert und sehr ansehnlich. Ihr sängerisches und schauspielerisches Talent wurde in Mannheim unter Iffland und Beck bühnenreif gemacht. 1797 engagierte man sie am Weimarer Theater als Hofsängerin. Großherzog Karl August machte sie zu seiner Mätresse. Goethe war spätestens 1817 stinkesauer auf die Jagemann, weil sie ihn als Theaterchef wegintrigierte. Der heiligen Gertrud hätte so etwas auch nicht gefallen.

Adresse Bei der Kirche 1, 37351 Dingelstädt | Anfahrt B 247, in die Silberhäuser Straße, links in die Birkunger Straße, gleich rechts über Anger in die Lindenstraße, links in die Bahnhofstraße, dann links in die Geschwister-Scholl-Straße | Tipp Gute zehn Autominuten entfernt liegt Burg Scharfenstein, eine mittelalterliche Höhenburg, heute beliebtes Ziel für Wanderfreunde, Pilger, Sportler, Künstler und Familien.

3 Mittelpunkt mit Mauer

Ein Stück Ex-Grenze

Thüringen ist reich an Orten, die von sich behaupten, der Mittelpunkt Deutschlands zu sein. Es kommt immer auf die Berechnungsgrundlage an. Bezieht man die Zwölf-Meilen-Zone in Nord- und Ostsee mit ein, dann dürfte Silberhausen geografisch die Mitte des deutschen Hoheitsgebietes sein. Die heutige Mittellage war von 1961 bis zur Maueröffnung 1989/90 eine Randlage im Grenzgebiet. Eingeleitet hatten diese Jahre die Amerikaner, die mit ihren Panzern Silberhausen beschossen, dann widerstandslos besetzten, um es wiederum widerstandslos – weil in Jalta so von den vier großen Siegermächten vereinbart – der sowjetischen Armee zu übergeben.

Silberhausen klingt nur nach Edelmetall, gefunden wurde solches hier nie. Jedenfalls nicht, dass die Silberhäuser es wüssten. Sicher ist, dass 1171 Silverhusen erstmals urkundlich erwähnt wurde, wobei der Ortsname aller Wahrscheinlichkeit nach auf den Feudalherren Eckehart von Silverhusen zurückzuführen ist.

Schaut man sich an, was Silberhausen im Internet von sich preisgibt, erfährt man, dass der Weltmeister der Vorderladerschützen – Disziplin Long Range 300-Yard-Replica, Mittelbahn – von hier kommt. 1921 kam hier Heinrich Adameck zur Welt, eigentlich immer nur Heinz genannt, ein gefürchteter Name unter den Mitarbeitern des DDR-Fernsehens. Von 1963 bis zur Wende bestimmte Heinz (unter anderem auch Mitglied der Abteilung Agitation und Propaganda des ZK der SED), was das DDR-Fernsehpublikum sehen sollte und was nicht. Das Publikum entschied sich dann meist für das ganz andere Fernsehen.

Seit 1990 gehört Silberhausen zum wiederauferstandenen Bundesland Thüringen. Freistaat Thüringen, um genau zu sein. Im April desselben Jahres kaufte ein hiesiger Steinmetzmeister ein Segment der Berliner Mauer, Symbol der deutschen Teilung. Das Mahnmal wurde in der Ortsmitte aufgestellt. Einer der Mittelpunkte Deutschlands ist also ein Stück Mauer.

Adresse Anger, 37351 Silberhausen | Anfahrt B 247, in die Dingelstädter Straße, rechts in die Bahnhofstraße bis Anger | Tipp Mitte-Sammler und Egomanen besuchen noch Niederdorla, Krebeck, Flinsberg und Landstreit, die auch von sich behaupten, Deutschlands Mittelpunkt zu sein.

4 Alle Wetter!

Das Wetterkreuz

Wie heißt es so schön volksmündlich, wenn Starkregen oder gar Hagel über das Land fegen? Das ist ein Wetter, da möchte man keinen Hund vor die Tür jagen. Auch nicht die »Helmsdorfer Hoinde«. Das sind nun aber gar keine Hunde, das ist ein alter Spitzname. Weil im Wappenbild der örtlichen Adeligen ein Hund zu sehen war, mussten sich die Helmsdorfer als »Hoinde«, eben Hunde, bespötteln lassen.

Oberhalb des Ortes steht ein einfaches Wetterkreuz. Andernorts stehen in Deutschland Wetter- oder Hagelkreuze nicht nur gut sichtbar im Weg, sondern auch unter Denkmalschutz. Wetter ist ja immer ein unerschöpfliches Thema, und Meteorologen gehören nicht unbedingt zu den beliebtesten Mitbürgern. In früheren Zeiten war Wetter auch in so gemäßigten Breiten wie hier eine Überlebensfrage, vor allem für die Landbevölkerung. Und so betete man zu allen verfügbaren Göttern und Heiligen und bat um Gutwetter und um Schutz vor den Unbilden der Naturgewalten. Flurkreuze wurden prophylaktisch aufgestellt, um betend, bittend und büßend dorthin pilgern zu können. Die oft auffälligen Landmarken kennzeichneten aber auch Gedenkorte für Wettertote oder Plätze, an denen man ein Unwetter überstand. Volkskundler weisen darauf hin, dass das Wort Wetterkreuz auch mittelhochdeutsch gedeutet werden kann und sich dann auf den Brauch von Schwur- oder Sühnekreuzen bezieht. Oder auf den noch älteren germanischen Brauch der Donnergott-Verehrung. Thor, auch Donar genannt, findet sich übrigens ein bisschen im Namen des Schutzpatrons gegen Blitz, Hagel und Feuersbrunst, was der heilige Donatus ist.

Vor allem junge, an den Computer gekettete Menschen kennen heutzutage Unwetter nur vom Bildschirm. Man jage sie ab und an vor die Tür, denn die heimatliche Landschaft ist schön. Hier oben, am Wetterkreuz, sitzt man auf der Bank und blickt übers Land. Nur bei Gewitter sollte man das lassen.

Adresse 37351 Helmsdorf | Anfahrt an der B 247; gegenüber dem Ort auf der Anhöhe | Tipp Der Helmsdorfer Kreuzweg ist wirklich ein Weg, den man entlang der elf Stationen mit dreidimensionalen Bildern von Jesus' Leidensweg gehen muss.

5 Idylle mit Aussicht

Gut Breitenbich

Heutzutage steht und fällt vieles mit und durch Präsenz im Internet. Wer die Überschrift dieses Kapitels in das Suchfeld bei Youtube eingibt, landet mitten in der Idylle. Sehr professionell gefilmt, die Kameradrohne war im Einsatz. Das ist eine zeitgemäße Einladung, Erholung, Entspannung, Ruhe zu genießen.

Die Geschichte des Ortes und des Gutes Breitenbich ist voller Gewalt. Kriege, Feuersbrünste, Plünderungen, Mord. Aber es ist auch eine Stehaufmännchen-Geschichte. Und ein bisschen verwirrend ist sie allemal, denn Breitenbich hieß ursprünglich Breitenbach und war einst ein Zisterzienserkloster, das aber zerstört und mit Scheunen und Wohngebäuden des Rittergutes derer von Knorr überbaut wurde. Der derzeitige Stand ist auch nicht unkompliziert: Breitenbich ist ein Weiler auf der Gemarkung von Zella, das wiederum ein Ortsteil von Anrode ist.

Das Gut Breitenbich hatte über die Jahrhunderte wechselnde Eigentümer und Pächter. 1939 kaufte Ernst Schuchardt aus Dachrieden das Gut. Sein Enkel und dessen Frau führten es bis 2001 als Gaststätte und Pension. Dazwischen war es aber zwangsenteignet, wurde zurückgegeben, fungierte als Sitz einer landwirtschaftlichen Genossenschaft, als Kinderferienlager, Schulungs- und Erholungsheim. Ernst Schuchardts Urenkelin und deren Bruder planen, das große, in den 1880er Jahren gebaute Fachwerkhaus wieder zu einem Erholungsort zu machen. Zehn Ferienwohnungen könnten es werden, die ersten sind bezugsfertig. Die Gäste erwartet die Ruhe eines abgelegenen dörflichen Anwesens. Nur die Tiere wird man hören: das Schnattern der Gänse, das Gackern der Hühner, das Blöken der Schafe und bald das Muhen der Harzer Rotrinder. Idylle eben. Und wer sich sein Frühstücksei selbst suchen möchte, soll auch daran nicht gehindert werden.

Von Gut Breitenbich aus hat man die Lengefelder Warte, also Mittag- oder Abendessen, schon im Blick.

Adresse Breitenbich 1, 99976 Anrode | **Anfahrt** B 247, dann nach Zella, dort Bahnhofstraße ortsauswärts, über die Bahnschienen, die Straße macht einen Bogen nach links, dann rechts | **Tipp** In Zella gibt es, gut geeignet für eine Rast, direkt am Unstrut-Radweg »Fütterers Bio-Laden« mit Imbiss; Besuch bei sanftmütigen schottischen Hochlandrindern inklusive.

6 Hohes Niveau

Die Lengefelder Warte

Lengefeld gibt es mindestens siebenmal in Deutschland, drei davon sind in Thüringen. Es besteht Verwechslungsgefahr mit diesem Lengefeld. Blöderweise hat auch noch das 20 Kilometer entfernte (mit einem »n« mehr ausgestattete) Lengenfeld unterm Stein dieselbe Postleitzahl. Aber nur dieses, das »Doringysche Lengevelth« an der Unstrut, hat eine gleichnamige Warte. Der Turm des Luginsland ziert das Lengefelder Ortswappen und, stilvoll verfremdet, das Logo des Spitzenrestaurants, das sich in den Fachwerkbauten am Turm befindet. Hier wird auf beachtlich hohem Niveau gekocht – und das meint nicht die Höhe der Warte über dem Meeresspiegel. Hotel und Restaurant sind familiengeführt, und zwar bereits in vierter Generation.

Zur Lengefelder Warte gehört der Festsaal »Schwarze Hose«. Fragt man nach der Herkunft des Namens, bekommt man sehr unterschiedliche Antworten. Eine – die unpassendste – hat mit dem hiesigen Dialekt zu tun und behauptet, »Hose« sei ein falsch verstandenes »Huß«, also Haus. Häuser mit schwarzen Warnschildern beherbergten Menschen mit ansteckenden Krankheiten. Nein, dann doch lieber die schwarze Hose, die angeblich früher als eine Art Fahne an der Wirthaustür hing, wenn der dritte Mann zum »Kartenklitschen« fehlte. Die dritte Erklärung führt auf die Straße, die an der Lengefelder Warte vorbeiführt, steil abfällt und gleich wieder ansteigt, sodass man kurz ein Achterbahn- oder Kosmonautengefühl hat. Das da unten sei die schwarze Hose. Früher sei sie noch steiler gewesen.

Westlich des Ortes verläuft eine 26 Kilometer lange frühmittelalterliche Befestigungsanlage, der Mühlhäuser Landgraben. Einst schützten Wall und Doppelgraben die 19 Dörfer der Freien Reichsstadt Mühlhausen. Von den acht bewachten Tortürmen, den Warten, ist nur die Lengefelder geblieben. Der Landgraben ist heute Kulturdenkmal und auf einem Fußpfad in seiner gesamten Länge zu bewandern.

Adresse Hotel und Restaurant Lengefelder Warte, Lengefelder Warte 1, 99976 Anrode | **Anfahrt** auf der B 247 bis zum Parkplatz an der Lengefelder Warte | **Öffnungszeiten** Mi–Sa 11.30–22 Uhr, So 11–21 Uhr; Küchenzeiten eingeschränkt (Tel. für Anfragen: 036023/50206) | **Tipp** Fünf Autominuten entfernt liegt Horsmar mit der Backstorlinde, einer zweistämmigen Winterlinde, ein Naturdenkmal.

7 Nahe Natur

Das Reisersche Tal

Es gibt im Deutschen wundersame Wortbildungen. Da muss man nicht einmal an die Wortungetüme denken, die die Politik über Gesetzestexte schreibt. Nein, auch so ein Wort wie »Naherholungsgebiet« hält gedankliche Fallstricke bereit, weil ja nicht klar ist, was nah ist: die Erholung oder das Gebiet? Nahstressgebiete werden demgegenüber seltenst ausgewiesen.

Das Reisersche Tal, auch Reiserscher Hagen genannt, ist geschützte Landschaft mit gut begehbaren Wegen durch lichten Wald und über Wiesen, auf denen im Frühjahr Schneeglöckchen bimmeln und Krokusse farbexplodieren. Reiser ist für Mühlhäuser ein Synonym für naherholendes Wandern auf wenig anstrengenden, übersichtlichen Strecken. Hier wird aber auch kräftig gejoggt und gemountainbikt.

Durch das Tal führt der viel befahrene Unstrut-Radweg. Abendliche Radler sollen in der Dämmerung von Waldgeistern, Hexen, Trollen und Wölfen angefallen worden sein. Man glaube dergleichen Geschichten nicht, denn das gesamte Schreck-Personal ist nur aus Holz. Ein Hobbybildhauer aus Dachrieden hat Figur für Figur unentgeltlich in ehrenamtlicher Tätigkeit mit der Motorsäge geschnitzt. Da die Figuren meist etwas abseits des Weges stehen, sind Trampelpfade entstanden, weil die lebendigen Einheimischen die heimlichen Holz-Mystery-Monster aus der Nähe betrachten wollen. Die Radroute durch das idyllische Tal führt auch unter dem imposanten Eisenbahnviadukt hindurch, auf dem die Bahnen der Strecke Gotha-Leinefelde über die Unstrut kommen. Man vergleiche den sperrigen Stil heutiger Zweckbauten mit der sich passend in die Landschaft einfügenden architektonischen Grazie dieser Brücke(n), dann schmerzen einem die Augen, und man fragt sich verärgert, ob Mensch und Natur noch zusammenpassen. In die Natur passend sei zu teuer? An fehlendem Geld kann es doch nicht liegen. Im Reiserschen Tal ist selbst eine alte Eisenbahnbrücke ein Stück Naherholung.

Adresse 99974 Reiser | Anfahrt auf B 247, dann in Ammern in die Reiserstraße, übergehend in Ammerstraße, Kaisershagener Straße, links in die Hauptstraße bis Mühlstraße, Parkplatz suchen, spazieren gehen | Tipp Die Gaststätte »Zum Flachstal« in Reiser bietet eine ordentliche Speisekarte und ab und an Schlager-Open-Airs.

8 Die Bücherkirche

Sankt Jakobi

Für Mühlhausen sollte man sich etwas Zeit nehmen, durch die kirchturmreiche Stadt bummeln, die Vielzahl der Fachwerkhäuser bewundern, Museen besuchen oder ein Stückchen rausfahren zum Renaissance-Brunnenhaus der Popperöder Quelle, wo alljährlich das bunte Brunnenfest gefeiert wird. Die ehemals Freie und Reichsstadt hat einiges zu bieten.

Von den 13 in der Mühlhäuser Kernstadt aufgelisteten Kirchen wird die Hälfte nicht mehr als Kirche genutzt. Die Hälfte von 13? Sechseinhalb Kirchen? Ja, sozusagen, denn die Bonifatiuskirche ist zum Teil ein Kindergarten. Sechs der christlichen Gebäude wurden säkularisiert. Drei sind Museen beziehungsweise Ausstellungsraum, eine ist Spielstätte des 3K-Theaters, eine kleine Kapelle ist Herberge. Und die gotische Jakobikirche kann man unberufen als eine der schönsten Bibliotheken Thüringens bezeichnen. Die Kirche steht nahe dem Lentzeplatz und noch innerhalb der mittelalterlichen Stadtmauer.

Der Kupferstecher Matthäus Merian schuf im 17. Jahrhundert über 2.000 Ansichten von Städten, Schlössern, Burgen und Klöstern in Europa, die er in der 30-bändigen »Topographia Germaniae« veröffentlichte. Auf dem Mühlhäuser Blatt von 1650 findet man die Jakobikirche als erste am linken Rand des Stadtbildes. Schon seit 1832 war Sankt Jakobi als Kirche nicht mehr in Gebrauch und verfiel zusehends. Nord- und Südturm waren in ihrer Substanz bedroht. In den 1990er Jahren wurde gesichert, schließlich saniert und umgebaut. Nun beherbergt die Kirche die Hauptbibliothek der Stadt, dazu die Kinderbibliothek und die Phonotek.

Das ist schon ein großer Wurf. Tradition umfasst Moderne, der einst gesegnete Baukörper umfasst schützend Tausende von Büchern und anderen Medien. Ein Segen für die Stadt. Regelmäßig finden Veranstaltungen statt: Lesungen freilich, kleine Konzerte, Kabarett. Wechselnde Ausstellungen beleben das Bild innerhalb des historischen Gemäuers.

Adresse Sankt Jakobi, 99974 Mühlhausen | Anfahrt B 247, in die Brunnenstraße (= B 249), rechts in die Wanfrieder Straße, dann links Jakobistraße | Öffnungszeiten Mo, Di, Do 10–18 Uhr, Fr 10–13 Uhr, Sa 10–12 Uhr | Tipp In der Kilianikirche bietet das 3K-Theater einen abwechslungsreichen Spielplan für die ganze Familie.

9 Riesenfragen

Die Mammutbäume

Schön, dass der Herr Oberförster Brehm-Hütte die Bäume 1884 genau hierhin pflanzte. So muss man einen kleinen Waldspaziergang einplanen, um die Riesen anfassen zu können. Ob allerdings der Oberförster damals persönlich Hand an den Spaten gelegt hat, ist so eine Frage, wie sie Bertolt Brecht in einem Gedicht dem lesenden Arbeiter in den Mund legte: »Der junge Alexander eroberte Indien. Er allein? Cäsar schlug die Gallier. Hatte er nicht wenigstens einen Koch bei sich?« Brehm-Hütte pflanzte Mammutbäume, wer hob die Pflanzgruben aus? Nun gut, da steht die Alleinpflanzertat auf dem Info-Schild, weiß auf grün und mit einem Orthografie-Fehler. Egal, die Bäume sind viel schöner und wichtiger.

Wenn man das Auto am Rand des Stadtwaldes abgestellt hat und nach Geo-Koordinaten geht, findet man die Baumgruppe bei N51°11.967', E 10°22.225'. So ganz anders als der einheimische Wald drum herum sehen die Mammutbäume aus. Einwanderer mit dauerhaftem Aufenthaltsstatus. Was immer wieder übergangen oder ungefragt hingenommen wird, ist der lateinische Name: *Sequoiadendron giganteum. Dendro* meint Baum, und *giganteum* erklärt sich von selbst. Aber *Sequoia*?

Sequoyah, Sohn einer Cherokee-Indianerin und eines eingewanderten Europäers, wuchs im Stamm seiner Mutter auf. Er ist der Erfinder der Cherokee-Schrift, die noch heute verwendet wird. Die Cherokee gehörten neben den Chickasaw, Choctaw, Muskogee und Seminolen zu den sogenannten »fünf zivilisierten Nationen«, Indianerstämme, die sich den eindringenden Europäern anpassten. Das hinderte jedoch die Neu-Amerikaner nicht daran, die Eingeborenen mit Waffengewalt oder mit dem Geschenk pockenverseuchter Decken stark zu dezimieren. Viele Cherokee wurden deportiert und starben auf dem »Pfad der Tränen«.

Ein weiterer Mammutbaum wurde 1992 gepflanzt. Ein Schild verkündet: »... vom Revierförster Pippert«. Wer trug den Spaten?

ÖPNV Stadtbus 5 bis »Peterhof« | **Anfahrt** auf B 249 stadtauswärts, bis rechts die Ausflugsgaststätte »Peterhof« kommt, dann links parken und der Ausschilderung folgen, auf Wanderwegen circa 1,5 Kilometer Richtung Süden | **Tipp** Mehr über Mühlhausens Mühlengeschichte erfährt man beim Verein »Mühlenhaus e. V.« in der Klingenmühle, Friedrich-Engels-Straße 21.

10 Das Tor und der Tor

Das Äußere Frauentor

Im Mittelalter konnte man schon von Weitem erahnen, wie reich eine Stadt war. Bürgerlicher Reichtum manifestierte sich auch in der Freien Reichsstadt Mühlhausen in der großen Anzahl von Kirchen. Reichtum weckte natürlich auch immer Begehrlichkeiten. Also schützte man ihn und sich mit dicken Mauern rund um die Stadt. Wuchs eine Stadt, brauchte sie oft nach der ersten Mauer eine weitere drum herum. Die Mauern wiederum brauchten Durchlässe, auf dass der freie Fluss von Waren und Menschen das Geschäft ankurbele, die Wirtschaft aufblühe und reichen Ertrag abwerfe.

So ein Durchlass ist das Äußere Frauentor, über das eine lehrreiche Sage erzählt wird: Baumeister Friedbert erhielt einen Doppelauftrag, nämlich, das Äußere Frauentor und das Äußere Erfurter Tor neu zu bauen. Letzteres wollte er selbst verantworten, die Bauleitung für das andere übergab er seinem ersten Gesellen. Nun hatte ebenjener Geselle aber nicht nur ein gutes Auge für schöne Bauwerke, sondern auch eines auf das reizende Töchterchen des Baumeisters geworfen. Die machte schöne Augen zurück.

Dann kam der Tag der Bauabnahme. Meister Friedbert inspizierte und inspizierte, aber ein Baumangel ließ sich nicht finden. Er musste sogar zähneknirschend zugeben, dass der Geselle den vertikal Längeren und Schöneren hatte. Dem Friedbert war nun gar nicht mehr friedlich zumute. In einem Anfall von Jähzorn warf er den Gesellen aus der obersten Turmluke. Der stürzte und fiel weich, nämlich auf das unten wartende Töchterlein, woraufhin beide jungen Menschen ihr Leben aushauchten. Meister Friedbert verfiel dem Wahnsinn und floh aus der Stadt. Ein Stein, voll des jungen Blutes, soll über dem Torbogen eingesetzt worden sein als ewige Erinnerung an diese grausame Tat. Oder wie es ein Dichter sagte: »Aus wildem, jähen Zorn entstehet immer / Not, Drangsal, Trübsal, Pein und großer Jimmer.« Oder so ähnlich.

Adresse Johannisstraße, 99974 Mühlhausen | **Anfahrt** B 247, in die Brunnenstraße (= B 249), weiter auf Bastmarkt, dann links in die Johannisstraße | **Tipp** Das Rathaus Mühlhausen steht nicht wie üblich repräsentativ am Markt, sondern inmitten der engen Gassen und ist ein Komplex unterschiedlich alter Gebäude.

11 Die Zimmer-Galerie

Galerie am Stadtberg

Eigentlich heißt sie »Galerie am Stadtberg«. Auf den Stadtberg zu klettern erfordert etwas Puste, wenn man aus Mühlhausens Innenstadt bis hier hochläuft. Dann jedoch hat man die imposante Silhouette der ehemals Freien Reichsstadt frei im Blick.

Es lohnt sich immer, einen weiteren Blick zu werfen, und zwar in die kleine Villa Goetheweg 28, wo die Zimmer-Galerie, im doppelten Wortsinn, wechselnde Verkaufsausstellungen zeitgenössischer Kunst bietet, mit dem Hauptaugenmerk auf Kunst aus Thüringen. Aber darauf beschränkt man sich hier nicht. Der Galerist Peter Zimmer und seine Frau wohnen und leben hier mit der Kunst und in der Kunst. Der Garten hinterm Haus blüht im Sommer prächtig bunt um die Skulpturen herum.

Die Mischung macht's, die Werke der Altmeister wechseln sich mit den Arbeiten der Jüngeren ab. Der Galerist Zimmer, der sich sehr gut in der Thüringer und darüber hinaus der ostdeutschen Kunstszene auskennt, hat ein gutes Händchen bei der Auswahl von Malerei, Grafik, Fotografie, Bildhauer- und Töpferkunst. Ab und an mischen sich mal ein Cartoonist oder eine Buchillustratorin darunter. Die kunstsinnige Besucherschaft ist immer erfreut und manchmal echt überrascht, wenn zum Beispiel ein ehemaliger Thüringer Innenminister ausstellt oder eine englische Sculpture+Landart-Künstlerin.

Stammkunden gehen oft zunächst in die Küche, um erst einmal etwas zu trinken, ein kleines Schwätzchen zu machen, dann nach nebenan in die Zimmer, Kunst gucken. In zehn Jahren Galerietätigkeit 50 Ausstellungen, dazu Kunst verkaufen, Kunst vermieten, Plakateditionen betreuen, kleine Konzerte, Lesungen und Kabarett in der Galerie organisieren – Langeweile kam da nicht auf. Am 1. Mai wird jedes Jahr der »MaifeiARTag« ausgerufen. Es gibt Künstler und Kunst aus Thüringen und der Welt, dazu Leckeres und Genussvolles, Kunstaktionen und Kunstauktion. Dann wird auch die Garage zur Galerie.

Adresse Goetheweg 28, 99974 Mühlhausen | Anfahrt B 247, in die Brunnenstraße (= B 249), links in die Eisenacher Straße, rechts in den Schillerweg, links in die Stadtbergstraße, dann rechts in den Goetheweg | Tipp Die Mühlhäuser Museen sind auf mehrere sehr ansprechende Häuser (auch Kirchen) verteilt und durchweg einen Besuch wert.

12 Stelldichein und Schein

Die Persiluhr

Dem Reinen ist alles rein. Darum hat er auch keine Hintergedanken, wenn ihm eine schöne große grüne Uhr geschenkt wird. Aber wenn einem ein Konzern eine teure Uhr ins Stadtbild schenkt, die auf allen vier Seiten nicht nur die Zeit anzeigt, sondern auch die berühmte weiße Frau mit dem Waschmittelkarton in der Hand, dann hört man die Werbe-Nachtigall doch ohrenbetäubend laut trapsen. Aber egal, man hatte ab da einen Treffpunkt für Stelldicheins und Rendezvous, wie die Dates damals in den 1920er Jahren hießen. Hunderte Verliebte trafen sich seitdem, auch mit unreinen Absichten, an der unübersehbaren grünen Säule. Ein Marketing-Geniestreich.

Persil – da weiß man, was man hat. Auch wenn man den gleichnamigen Schein bekam, wusste man, was man hatte, nämlich zumindest den Anschein einer weißen Weste, weiß wie die Unschuld.

Zunächst wissen die wenigsten, dass sich der Name aus jeweils drei Buchstaben der Komponenten, dem Bleichmittel Natrium*per*borat und dem Schmutzlöser Natrium*sil*ikat, zusammensetzt. Die angebliche Weltmarke wird in nur rund 30 Länder exportiert oder dort hergestellt. Und nicht einmal der Satz, dass Persil Persil bleibe, stimmt, denn in Frankreich heißt Persil Le Chat (weil Persil dort Petersilie bedeutet), in Italien und Griechenland Dixan. Erst seit 2015 können US-Amerikaner Persil kaufen.

Die Werbeabteilung der Herstellerfirma hatte oft völlig neue Ideen. Ob es die ganz in Weiß gekleideten Herren waren, die durch deutsche Städte paradierten, oder Menschen, die als überdimensionierte Persil-Pakete herumliefen, oder eben diese Uhren-Geschenke. Viele dieser Uhren wurden im Zweiten Weltkrieg eingeschmolzen, oder der Zahn der Zeit zernagte sie. Einigen Städten schenkte der Waschmittelkonzern funkgesteuerte Nachbildungen der Originaluhr. Eine davon steht in Mühlhausen, und ältere Ehepaare gehen daran vorbei. Sie seufzt vernehmlich: »Ach ja, weißt du noch?«

Adresse Kilianstraße / Ecke Görmarstraße, 99974 Mühlhausen | **Anfahrt** B 249, dann in die Straße Unter der Linde, weiter auf Görmarstraße, dann nach wenigen Metern links | **Tipp** An der Divi-Blasii-Kirche steht ein Denkmal für Johann Sebastian Bach, der in Mühlhausen einiges komponiert hat, darunter extra die Ratswechselkantate »Gott ist mein König«.

13_Kopf ab! Hirn an!

Müntzers Todesstätte

Hier wurde am 27. Mai 1525 Thomas Müntzer enthauptet. Luther sagte in einer seiner Tischreden: »Es heißt, dass in Mühlhausen, wo man Müntzers Haupt auf einen Pfahl gesteckt hat, ein Pfad durch den Besuch der Mühlhäuser und anderer unredlicher Leute so ausgetreten ist, dass er wie ein öffentlicher Weg aussieht. Man glaubt, wenn der Stadtrat nicht dagegen einschreitet, würden sie ihn wie einen Heiligen verehren.«

Während sich Luther vom Papsttum ab- und Gott direkt zuwandte, hatte sich Müntzer den Menschen, dem gemeinen Volk zugewandt. Müntzer war wohl der erste Reformator, der Gottesdienste komplett in deutscher Sprache hielt. Mit dem Gesicht zum Volke, nicht zum Altar. Und er wagte, die gesellschaftliche Ordnung in Frage zu stellen. Als Adam grub und Eva spann, wo war denn da der Edelmann?

Wer Thomas Müntzer war, erfährt man hier nicht – da muss man zumindest nach Allstedt, wo er den Fürsten predigte, dass das Volk frei sein werde und nur Gott und nicht die adelige Obrigkeit Herrscher über die Menschen sei –, hier sieht man, wie Geschichte von der Nachwelt gemacht wird. Für die Nachwelt der Ulbrichts und Honeckers war Müntzer der erste große Revolutionär, ein Vorkämpfer für Recht und Gerechtigkeit. Auf den Geldscheinen der DDR fand man Müntzer allerdings nur auf dem niedrigsten, dem Fünf-Mark-Schein.

Als man im wiedervereinigten Deutschland 2017 ein halbes Jahrtausend Reformation mit unzähligen Festen, Ausstellungen, Diskussionen und Publikationen beging, war das der Endpunkt der sogenannten Luther-Dekade. Gefeiert wurde der Obrigkeitshörige, der Judenfeind, der predigte, dass das Weib dem Manne untertan sei, und der »Wider die mörderischen Rotten der Bauern« gegeifert hatte. Der Aufstand der Bauern und ihr Anführer Müntzer spielten kaum eine Rolle. Es war, als habe man immer noch Angst vor den aufrührerischen Gedanken, vor dem Traum von einer gerechten Welt.

Adresse Hinrichtungsstätte, Am Rieseninger Berg, 99974 Mühlhausen | Anfahrt Der Park ist vom oberen Ende über die Straße »Am Rieseninger Berg« zu erreichen oder ab der Haltebucht in der Thomas-Müntzer-Straße am unteren Ende des Parks. | Tipp Am 15. Mai 1525 wurde bei Bad Frankenhausen das Bauernheer unter Müntzer vernichtend geschlagen. Auf dem Berg steht heute das große Rundgemälde von Werner Tübke, die »Sixtina des Nordens«.

14 Anisköppe und Steinhut

Der Vogteier Hut

Am Unstrut-Flusskilometer 28 liegt Bollstedt, der größte Ort der Einheitsgemeinde Weinbergen. Man weiß nicht, was geplante und immer wieder verschobene Thüringer Gebietsreformen dereinst bringen werden. Noch ist Bollstedt Sitz der Gemeindeverwaltung. Bollstedt war als eines der Mühlhäuser Küchendörfer Garant für die Versorgung der Freien Reichsstadt. Zu diesen Zeiten wurden die Bollstedter derb volkstümlich als »Anisköppe« verspottet. Genussfreunde von Raki, Ouzo, Absinth und Pastis können daran überhaupt nichts Lustiges finden. Anis ist auch hilfreich gegen Husten und Bauchgrimmen und soll sogar vor schlechten Träumen und bösen Blicken schützen. Das wussten sicher auch die sechs der Hexerei beschuldigten Frauen, die hier Mitte des 17. Jahrhunderts Opfer von christlicher Volksverdummung wurden und auf dem Scheiterhaufen ihr Leben lassen mussten.

Bei Ausgrabungen im römischen Kolosseum entdeckte man Reste von Aniskeksen, die die aufgeregten Zuschauer der Gladiatorenkämpfe zwischen den Sitzreihen zerbröselt hatten. Und nicht zu vergessen: Anis galt in vielen ländlichen Gebieten als Mittelchen zur Anstachelung sexueller Lüste. Wenn die schwere Erntearbeit abgeschlossen und Zeit für anderes war, mixten Frauen und Mädchen ihren angeheirateten oder noch angehimmelten Männern anishaltige Getränke. Am Anistag, dem 30. November, auch bekannt als Andreastag, soll der Anistrunk nicht nur bei Andreassen besonders versteifend wirken. Alles kein Grund für Spott und Häme.

Ist es ein Aniskopp mit Hut, was da am östlichen Ortsrand steht? Es soll jedenfalls mal ein Wegweiser gewesen sein. Die Denkmalschützer nennen ihn den »Vogteier Hut«. Den Einheimischen ist das komische Ding ziemlich egal, was da am alten Weg nach Bothenheilingen steht und zuwächst, wie auch das spätmittelalterliche Steinkreuz nebenan im Graben. Vor diesem Hut hat hier noch niemand den Hut gezogen.

Adresse 99998 Bollstedt | Anfahrt B 249, in Görmar abbiegen in die Bollstedter Landstraße, übergehend in Mühlhäuser Straße, übergehend in Weinbergstraße, links in die Feldstraße, links Unter den Linden, links Vor dem Riedtor, bis Ende, dann in Fahrtrichtung am Neunbrunnengraben bis zum Brückchen laufen | Tipp Nach 20 Autominuten von Bollstedt über die B 249 kommt man nach Schlotheim mit dem Seilermuseum (unbedingt vorher anmelden).

15_Bitte Zahlen!

Die höchste PLZ

Zahlen haben manchmal etwas Mystisches. Im normalen Leben sind sie Anlass für Hoffnungen (Lotto, Gehaltserhöhung, Erbschaften) und Enttäuschungen (Erbschaften, Gehaltserhöhung, Lotto). Beim Roulette geht irgendwann nichts mehr, denn meistens gewinnt die Spielbank. Das ist ja auch im wahren Bankenleben so. Manche Zahlen, vor allem die mit den vielen Nullen, gehen in die Köpfe von Otto Normalverbraucher und Lieschen Müller gar nicht hinein, aber gerade Lieschen und Otto sind es immer wieder, die die Rechnung bis zur letzten Null bezahlen müssen. Steuerzahler eben.

Zahlen werden politisch missbraucht. Zwei Achten nebeneinander auf der Brust weisen den Träger als nazinah oder uninformiert aus. Fährt vor einem ein Auto mit dreimal Sechs, ist der Teufel nicht weit. Freitag, der 13. ist für einige ein Zittertag. Manche Hotels und Fluggesellschaften haben die Zahl 13 als Zimmer- oder Platznummer einfach gestrichen. Im Märchen ist es ja auch die 13. Fee, die nicht eingeladen wurde, weil das Geschirr nur zwölfteilig vorhanden war. Die komatösen Folgen für Dornröschen sind bekannt.

Zahlen bestimmen unser Leben. Viele von uns haben Zahlen geliebt, als wir sie lernten, weil uns der fledermausumschwirrte Graf Zahl den Spaß am Zählen beibrachte. Die Sesamstraße hat vielen die Tore zum Wissen geöffnet.

Der Ort Höngeda bildet mit Bollstedt, Seebach und Grabe die Gemeinde Weinbergen. Eigentlich sind das ganz normale Thüringer Dörfer, nichts Besonderes, möchte man fast sagen, aber da liegt man nicht ganz richtig. Weinbergen bietet (mitsamt dem benachbarten Körner) täglich einen unbrechbaren Rekord. Briefe und Postkarten, die hier ankommen oder rausgehen, sind mit der höchsten fünfstelligen Postleitzahl versehen, die es in der Bundesrepublik Deutschland gibt: die 99998.

Nur einmal, am 9.9.99, nutzte die Deutsche Post die vollständige Neunerreihe für einen Sonderstempel.

Adresse 99998 Höngeda | **Anfahrt** auf B 247, die durch den Ort führt | **Tipp** Die Kirche Sankt Cyriakus in Höngeda wurde als Wehrkirche errichtet, in der in Kriegs- und anderen Katastrophenfällen Mensch und Tier Schutz fanden.

16 Mittig denken

Der Mittelpunkt Deutschlands

Das ganze Hin-und-her-Gezerre, wo denn nun wirklich der Mittelpunkt Deutschlands sei (siehe auch Seite 14), soll uns nicht mehr interessieren, denn hier ist er: exakt bei 51° 09' 54« nördlich des Äquators und 10° 27' 19« östlich von Greenwich. Da und nur da ist aller Deutschen Mittelpunkt. Das hat der Verband deutscher Schulgeografen bestätigt. Und Lehrer müssen es ja wissen.

Jedenfalls steht da neben dem Stein, auf dem alles Wichtige an Information steht, eine Linde. Die steht da und schweigt, auch wenn immer wieder Kaiserlinde zu ihr gesagt wird. Denn botanisch ist das Quatsch. Es gibt keine Kaiserlinde. Das war ein Lindenbaumzusatzwort für alle Kommunen, die zu wenig Knete auftreiben konnten, um sich einen Stein- oder Bronze-Kaiser hinzustellen. Also stellen wir uns nicht doof, sondern sagen richtig: Das hier ist eine Mittelpunktslinde. Die steht da, und wenn sie denken könnte, würde sie vielleicht denken, wie doof manche Menschen sind, weil sie ja gar nicht wirklich exakt da am Mittelpunkt steht. Exakt mittenmang würde sich die Linde nämlich nasse Wurzelfüße im nahen Opfermoorteich holen. Genau dort ist er nämlich, der G-Punkt aller deutsch-deutsch vereinigten Mittelpunkt-Fans und -Faninnen.

Opfermoor? Schon weit vor der Wende der Zeitenrechnung von Minus zu Plus soll hier heidnischen Göttern und Götzen geopfert worden sein. Wissenschaftler sprechen von emsiger Opfertätigkeit an rund 30 Opferstätten. War das spirituelle Massenabfertigung, oder hatte jedes Göttchen sein Altärchen? Die schamanischen Mittler zwischen Normalmensch und Überwesen brutzelten Rind und Schwein, und es dürfte nicht so ganz weit hergeholt sein, dass das Stehen am Thüringer Bratwurstrost nicht nur heidnischen Ursprungs, sondern auch heute noch ein religionsähnliches Ritual ist. Die Ursprünge kann man sich im Freiluftmuseum »Opfermoor Vogtei« und im Museumsgebäude anschauen.

Adresse Opfermoor Vogtei, Schleifweg 11, 99986 Vogtei, OT Niederdorla | Anfahrt B 247, in Mühlhausen in die Eisenacher Landstraße, links in die Mühlhäuser Straße, dann Ausschilderung folgen | Tipp Südlich von Niederdorla liegt der Nationalpark Hainich mit Baumkronenpfad, Wildkatzendorf und vielem mehr.

17_Grandiose Eierei

Die staatliche Vogelschutzwarte

Kaiser Barbarossa soll es gewesen sein, der einen Ritter mit Halsbandsittichen spielen sah. Des Kaisers Rotbart sträubte sich, und gleich sah sich der Ritter ob seines unritterlichen Umgangs mit Piepmätzen verdonnert, und zwar zum Tragen eines blöden Namens sowie eines Wappens mit fünf Sittichen.

1523 kaufte ein Nachfahre des Vögel-Ritters, Hans Sittich II. von Berlepsch, Amtmann der Wartburg, das hiesige Wasserschloss. 1523? Die Wartburg? Da sieht man den reformatorischen Zaunpfahl heftig winken. Genau, ebenjener Berlepsch behütete Junker Jörg alias Martin Luther fast ein Jahr auf der Wartburg und rettete so das Leben des für vogelfrei erklärten Geistesaufrührers und Papstfeindes. Martin und Hans schrieben sich späterhin freundliche Briefe. Leider ist das Wasserschloss Seebach mehrfach von aufmüpfigen Bauern gebrandschatzt worden, und die Briefe flatterten als Rußflocken durchs Gelände.

Dieses Gelände war gut dreieinhalb Jahrhunderte später von Obstbäumen bewachsen. Schlossherr war damals Sittig Hans Freiherr von Berlepsch. Der ließ alle Obstbäume abhacken, worüber Mutti Berlepsch sehr traurig war. Der vogelverrückte Hans pflanzte stattdessen Schutzgehölze für einheimische Singvögel. Der Weißdorn und die Vogelwelt blühten auf. Und der Sittig-Freiherr mit, denn er liebte seit frühester Jugend alles Gefiederte und Geflügelte innig, hatte es auf Reisen durch Brasilien, Norwegen und Italien samt seinen Lebensraumansprüchen und Nistgewohnheiten aufmerksam studiert. Hätte es 1890 schon das Internet gegeben, Sittig Hans wäre von einem Shitstorm hinweggefegt worden, als er sich auf dem zweiten Ornithologischen (Welt-)Kongress in Budapest erstmals gegen das millionenfache Vogeltöten jenseits der Alpen wandte. Heute würde ihn das Netz feiern.

In Zeiten schrumpfender Vogelpopulationen sollte man vom Vogelbaron lernen und in seinem Sinn handeln.

Adresse Staatliche Vogelschutzwarte Seebach, Lindenhof 3, 99998 Weinbergen, OT Seebach, Tel. 03601/573918-000 | **Anfahrt** B 247, über Bahnhofstraße, Dorlaer Straße in Lindenhof | **Öffnungszeiten** Mo–Do 8–15.30 Uhr, Fr 8–12 Uhr, währenddessen ist auch ein Spaziergang im Park möglich | **Tipp** Der Verein der Freunde der Vogelschutzwarte Seebach e. V. (Tel. 03601/7891018) bietet von Mai bis Oktober an Sams-, Sonn- und Feiertagen um 14 Uhr Führungen ohne Voranmeldung an. Für Gruppen können Führungen ganzjährig individuell vereinbart werden.

18 Rund-ums-Schloss-Geschichten

Schloss Altengottern

Dass dieser Flecken Thüringer Erde nie ohne Einwohner war, ist erstaunlich, weil hier die Unstrut fast alljährlich alles überschwemmte. 1799 stand das Wasser mit eineinhalb Metern am höchsten. Dorfstraßen waren Wasserstraßen. 1863 wurde der Fluss preußisch umgebaut: gerade, ordentlich, folgsam. Der gezähmte Fluss, die fruchtbaren Böden – plötzlich ging es den von rundherum verspotteten »Altengotter'schen Krutschissern« (unschwer als Krautscheißer zu entschlüsseln) gut. Kurz vor der Jahrhundertwende 1900 ging im Dorf elektrisches Licht an, die Wasserkraft der Unstrut produzierte den Strom. Dreißig Jahre später lebten hier 1.500 Menschen. Es gab drei Konservenfabriken und ebenso viele gut besuchte Dorfkneipen.

Die von der preußischen Regierung angeordnete Unstrutregulierung leitete übrigens der damalige Landrat Rudolph Levin Marschall, Erbmarschall von Thüringen, gebürtig aus Altengottern. Ein Vorfahre gleichen Namens begründete im 17. Jahrhundert die Linie Altengottern der Thüringer Marschalls. Er residierte im ehemaligen Wasserschloss, das nun trocken stand und in den folgenden Jahrhunderten oft umgebaut wurde. Von der mittelalterlichen Burg blieben nur Kellergewölbe und die Grundmauern des östlichen Flügels. Heute ist das gut erhaltene Schloss ein Kinder- und Jugendheim. Wissen die Kinder, dass der adelige Vormieter und Unstrutbegradiger auch ein Sprachpfleger war? Rudolph Levin Marschall wurde 1652 Mitglied der »Fruchtbringenden Gesellschaft«. Diese Gesellschaft, auch Palmenorden genannt, brachte zwar keine Früchte, war jedoch die erste und mit 890, zumeist adeligen, Mitgliedern auch die größte deutsche Sprachakademie. Man gab sich neckische Beinamen wie »der Mehlreiche« oder »der Schmackhafte« und arbeitete an der Vereinheitlichung der deutschen Sprachen. Der Marschall aus Altengottern hieß »der Abschaffende«. Weil er die Fremdwörter abschaffen wollte?

Adresse Mühlgasse 3, 99991 Altengottern | **Anfahrt** B 247, in Großengottern nach Norden ortsauswärts Altengottersche Straße, über die Unstrut, in die Mühlgasse | **Tipp** Wer Regional-Kontakt zu Leuten mit »heißen Öfen« sucht, findet in Altengottern die Unstrut-Biker e. V.

19 Der Rosinenbomber

Das Pilotendenkmal

Zunächst etwas ganz anderes: Vor der irritierenden Einführung des Großbuchstabens »ẞ« behalf man sich beim Schreiben eines Wortes in Großbuchstaben mit dem Doppel-s. So wurde aus Großengottern eben GROSSENGOTTERN. Für Sprachliebhaber ist das eine kleine Sensation, denn es dürfte der einzige deutsche Ortsname sein, in dem jeder Buchstabe zweimal vorkommt und kein einzelner übrig bleibt. Die einzige diesbezügliche Rosine im großen deutschen Sprachkuchen.

Die Rosine führt uns direkt zum Bomber. Das zusammengesetzte Substantiv Rosinenbomber war zwar eine volksmundig witzige, aber definitiv starke Untertreibung. Nur von Rosinen hätten die hungernden Westberliner nicht leben können, als die Wasser- und Landwege in den Stadtteil von der sowjetischen Besatzungsmacht gesperrt worden waren. Ab Mitte 1948 flogen für ein Jahr die »candy bomber« – ein US-amerikanischer Pilot hatte angefangen, für wartende Kinder Süßigkeiten an kleinen Taschentuchfallschirmen aus dem Cockpit abzuwerfen, bevor er in Tempelhof landete. Rosinenbomber war der zweite Kosename, nachdem ein britischer Flieger im Dezember 1948 die Berliner Weihnachtsbäckerei mit einer großen Ladung der getrockneten Weinbeeren gerettet hatte.

Nicht immer gingen diese Flüge glücklich aus. Am 4. März 1949 geriet um 16.59 Uhr etwa fünf Kilometer nordnordwestlich von Langensalza eine »Douglas C-54 Skymaster« der US Air Force auf dem Flug von Wiesbaden-Erbenheim nach Berlin in Brand. Das viermotorige Versorgungsflugzeug explodierte und stürzte zwischen Großengottern und Heroldishausen ab. Vier der fünf Besatzungsmitglieder sprangen mit Fallschirmen ab. Der fünfte, Leutnant R. C. Stephens, starb beim Absturz. Eine kleine Gedenktafel für ihn steht seit 1999 am Straßenrand, unweit von da, wo die Maschine zerschellte. Reste des Flugzeugs kann man im Hof des Heimatmuseums in der Schloßstraße sehen.

Adresse 99991 Großengottern | **Anfahrt** Das Denkmal befindet sich gut zwei Kilometer westlich ortsauswärts am Kammerforster Weg, kurz vor dessen Kreuzung mit der Straße Heroldishausen–Seebach. | **Tipp** Das Hornhardtsche Rittergut in der Schloßstraße 12 in Großengottern ist ein immer schöner werdendes Heimatmuseum.

20 Marsch-Marsch-Konzert

Blankenburgs Geburtshaus

Jedes Jahr rotiert an dem Wochenende, dessen Sonntag der erste im Juli ist, ein gewisser Martin Luther im Grabe. Denn dann feiern die Leute in Thamsbrück traditionsgemäß – die Tradition währt schon rund ein halbes Jahrtausend – das Ablassfest, manchmal auch Tetzel-Fest genannt. Aber seit geraumer Zeit geht es nicht mehr um den Freikauf von Sünden, sondern reineweg ums Feiern in der ältesten Kleinstadt Thüringens.

Unabdingbar dazu gehört das »Tambour-Corps 1924«. Was die Musikanten – zärtlich »de Späelmöpps« genannt – beim Ablassfest spielen und wie sie dabei marschieren, das hat sich bei Mitwirkenden, Thamsbrückern und so manchem Gast fest eingeprägt. »Ohne Tambour-Corps isses kei Abbels!«, heißt es allenthalben.

Marschmusik verbindet man zumeist mit Militär. Die Musik würde den stumpfsinnigen Dienst und das Marschieren nur unnötig aufwerten, heißt es. Aber so einfach ist es nicht, sonst hätten nicht Beethoven, Mozart, Wagner, Chopin, Verdi oder Schostakowitsch berühmte Märsche komponiert. Märsche haben was, die Beine zucken automatisch und wollen mitlaufen.

Der weltweit bekannte deutsche »Marschkönig« wurde übrigens 1876 hier in Thamsbrück geboren. Der Schäfersohn Hermann Ludwig (eigentlich Louis) Blankenburg spielte virtuos auf der Querpfeife und gründete schon als Schüler einen Spielmannszug. Seine Kompositionen wurden anfangs in Deutschland ignoriert. Das änderte sich, als er 1906 mit »Abschied der Gladiatoren« den Wettbewerb des renommierten britischen Musikverlages Boosey & Hawkes gewann. »The Gladiators' Farewell« ist noch heute ungemein populär und einer der meistgespielten Märsche. Wenn die Jungs mit den hohen Fellmützen am Buckingham-Palast die Wachablösung zelebrieren, kann man ihn hören. Blankenburg, Ehrenbürger von Thamsbrück, gut befreundet mit Paul Lincke, schrieb über 1.200 Märsche, zum größten Teil Konzert-, weniger Marschiermärsche.

Adresse Reinhardsbrunner Straße 1, 99947 Thamsbrück | **Anfahrt** B 247, zwischen Schönstedt und Großengottern auf L 2102 abbiegen | **Tipp** Gegen ein kleines Entgelt kann man hier Motocross fahren: Motorsportanlage »Kalkberg« (MC Bad Langensalza/Ufhoven e. V.), die Einfahrt ist auf der L 2102.

21 Es rumpelt in der Burg

Die Rumpelburg

Die Stadt heißt nicht umsonst Bad. Langensalza ist ein Kurort. Und wunderschön obendrein, mit einem lang gestreckten Kurpark an einem kleinen Wasserlauf. Auf dieser Flaniermeile kommt man auch zum Japanischen und Botanischen Garten, zu Rosen-, Magnolien- und Naturgarten und zum Park hinter dem Friederikenschlösschen. Ein paar Schritte entfernt sprießen im Garten hinter dem Thüringer Apothekenmuseum (unbedingt eine Empfehlung wert) die Heilkräuter.

Wen all das nicht interessiert, was da so sprießt und fließt, was unter Gärtnerhand wächst und gedeiht, der fährt auf der Umgehungsstraße um Bad Langensalza herum und verpasst Entschleunigung, Entspannung und Augenweide. Oder sie/er hat Kinder dabei und will schnell nach Hause, um die Nervzwerge von der Rückbank ins Kinderzimmer zu verfrachten. Dieserart gefüllte Autos sollte man in Bad Langensalzas Innenstadt lenken und dort einen Zwischenstopp einlegen, denn für den Nachwuchs gibt es hier einen traumhaften Ort: die Rumpelburg. Das ist eine bunte Kindererlebniswelt. Bunt ist schon die Außenfassade in der Sperlingsgasse. Bunt ist das Spielangebot drinnen in der ehemaligen Scheune und draußen in und auf den Türmen, Klettergerüsten, Rutschen und im Baumhaus. Da können sich die Kleinen austoben, mit Sand und Wasser matschen, aber auch mal üben, wie es vielleicht als Lehrer, Uhrmacher, Doktor, Verkäufer oder Hotelbesitzer ist – alles natürlich auch mit -in hinten. Beim Klettern, Spielen und Basteln sind manchmal Rumpel, das über 200 Jahre alte Gespenst, das gern mal Kinder erschreckt, Tine, die Wasserelfe, oder Puck, der Rosentroll, dabei.

Hier kann man Kindergeburtstage feiern. Ist in Thüringen Schulferienzeit, hat die Rumpelburg täglich geöffnet. Geschlossen wegen Betriebsurlaub ist in den ersten beiden Septemberwochen.

Bitte saubere Wechselschuhe (Turnschuhe) für die Indoor-Aktivitäten mitbringen.

Adresse Sperlingsgasse 4, 99947 Bad Langensalza | Anfahrt über Landstraße, Erfurter Straße zum Parkplatz Friedrich-Mann-Straße, dann zu Fuß durch Hufelandstraße in Sperlingsgasse | Öffnungszeiten Di–Fr 14–18 Uhr, Sa 10–18 Uhr, So 10–17 Uhr, Mo und an Feiertagen geschlossen | Tipp Vor dem Haus Kornmarkt 9 kurz innehalten, Dankgebet oder Dankesworte denken für den hier geborenen Christoph W. Hufeland, der die Pockenimpfung einführte und die erste Poliklinik in Deutschland eröffnete.

22 Glock 'n' Roll

Das Glockenspiel am Rathaus

Einem geschenkten Gaul schaut man nicht ins Maul; und einem geschenkten Barsch – auch nicht. Ist jetzt das Niveau dieses Buches in Gefahr? Nein, es soll nur darauf hingewiesen werden, dass manche Geschenke, nun ja, ein kleines Pferdefüßchen haben. Das Glockenspiel, das täglich um 12 und 18 Uhr am Bad Langensalzaer Rathaus erklingt, hat so eines. Leute mit gut funktionierendem Gehör könnten es Schlag zwölf verlieren, wenn sie zu nah stehen. Und man hört auch mit ungeübtem Ohr, dass es nicht so einfach ist, 32 Metallglocken auf den richtigen Ton gestimmt zu gießen.

Jenseits aller Nörgelei ist das Glockenspiel ein Anziehungspunkt, denn es wird nicht nur Melodie geglockt (14 verschiedene stehen zur Verfügung), sondern auch etwas zum Sehen geboten: Über dem Rathausbalkon öffnen sich im Dreieckgiebel zwei Türchen, damit fünf Figuren im Halbkreis durch das eine erscheinen und das andere wieder verschwinden können. Immer mit Wiederholung.

Wer ruckelt da oben rum? Vornweg ein rot berockter Fanfarenbläser, dann folgen Hermann von Salza, der Arzt Hufeland, der einen nackten Patienten (den Sponsor des Glockenspiels) abhört und schon die Klistierspritze für den Einlauf bereithält, sowie der Dichter Klopstock mit Tintenfass, Feder und Buch. Hufeland und Klopstock, Söhne der Stadt, sind alle Ehrungen wert, auch Patient und Trompeter stehen zu Recht symbolisch da oben (der Turmbläser symbolisiert den Feuermelder, der durch rechtzeitiges Blasen vom Turm manchmal noch Schlimmeres bei Feuer verhinderte). Aber was sagt man zu dem totenbleichen Kreuzritter? Symbol für ein Stück deutsche Geschichte, auf das man nicht stolz sein kann, führt doch eine Traditionslinie von den kriegsgeilen und machtlüsternen Kreuzrittern über die preußischen Aggressoren bis zu den Hitlergenerälen. Wenn die fünf Figuren da oben kreisen, sieht's nur unterschiedslos lustig aus.

Adresse Marktstraße 1, 99947 Bad Langensalza | Anfahrt B 247, eine der Abfahrten nutzen und in der Innenstadt den Parkplatz Friedrich-Mann-Straße anfahren, das Rathaus liegt in der Fußgängerzone | Tipp Meist übersehen: das kleine, dicke Finnmännchen an der Rückseite des Rathauses. Hier soll ein betrügerischer Fleischer angekettet gewesen sein, der mit Würmern (Finnen) verseuchtes Fleisch verkaufte und dafür büßen musste.

23 Geheimnisvolle Türmchen

Das Verkleinerungsprojekt

Wenn man Orte verlässt, heißen die Straßen hilfreicherweise oft so, dass man weiß, wohin der Weg führt. Fährt man Richtung Thamsbrück aus Bad Langensalza heraus, fährt man also auf der Thamsbrücker Landstraße. Rechter Hand, kurz bevor es links zum Flughafen geht (hier landen und starten nur ganz kleine, die Bürgerschaft hatte nie einen Hang zu hochfliegenden Pleiteprojekten), also rechter Hand fährt man an einer etwa mannshohen Mauer (Dirk-Nowitzki-Höhe) vorbei, manchmal gibt es einen Durchblick. Am Ende der da und dort »auf alt« bemalten Mauer kann man kurz parken und hinter die Mauer gucken, auf der etwas von Langensalza und Miniatur steht. Hinter der Mauer steht eine kleinere Mauer mit Türmen und ein paar angedeuteten Gebäuden. Es sieht aus, als hätte ein reicher Ritter seinen Kindern einen Platz gebaut, wo sie üben können, Städte zu stürmen, einzufallen und kleine Burgfräuleins zu rauben. Aber man hat das Gefühl, dass man die Mauer und die Türmchen irgendwie kennt. Natürlich, das sieht aus wie die Stadt, die man gerade verlassen hat, vielleicht einmal außen herum aussah. Und ein paar Gebäude innen erkennt man auch.

Wenn man sich das Satellitenauge eines bekannten Internetkonzerns borgt, sieht man, dass die in Klein gemauerte Stadtmauer bis auf zwei Lücken geschlossen ist. Man kann heranzoomen (in der Wirklichkeit kommt man nur bis an ein geschlossenes Tor) und sieht, dass da doch eine Menge Arbeit investiert wurde. Es war allerdings keine Ritter-Idee, die die Mauern und Häuser wachsen ließ, es war eine Arbeitsbeschaffungsmaßnahme. Leider harrt die Idee ihrer Vollendung – insofern ist sie eine sehr kleine und vergleichsweise billige Variante von ewig dauernden Großprojekten. Wer weiß, was noch wird. Lustig sieht es jetzt schon aus. Falls jemand eine weiterführende Idee hat: Bad Langensalzas Bürgermeister hat immer ein offenes Ohr. Oft sogar zwei.

Adresse Thamsbrücker Landstraße, 99947 Bad Langensalza | Anfahrt auf der Thamsbrücker Straße ortsauswärts rechts, am Ende der Mauer halten | Tipp Zurück in die Stadt: In der Marktstraße 10 (Gedenktafel am Haus) wurde Ernst Keil geboren. Ihn kennt man nicht mehr, aber sein erfolgreichstes Produkt, »Die Gartenlaube«. Die verspottete Zeitschrift brachte es zu einer Auflage von bis zu 400.000 Exemplaren pro Ausgabe.

24__Schlafen ohne Schienenstoß

Die Kleinbahnpension

Ein kleiner Abstecher gefällig? Vielleicht mit Übernachtung in etwas ungewöhnlichem Ambiente? Keine Viertelstunde braucht man per Auto, um von Bad Langensalza nach Kirchheilingen zu kommen. Dort wartet die Kleinbahnpension auf Gäste.

Im Juli 1911 wurde die »Kleinbahn-AG Langensalza-Kirchheilingen« gegründet. Als Bahn-Aktionäre traten in Aktion: der Staat Preußen, die Provinz Sachsen, Kreis und Stadt Langensalza sowie die Stadt Thamsbrück. Ab 1913 hieß es: »Bitte zurücktreten! Es fährt aus der Zug nach Kirchheilingen.« 1914 verkehrten täglich vier Zugpaare. Zwei dreiachsige Dampflokomotiven, drei Personenwagen, ein Gepäckwagen und 13 Güterwagen standen zur Verfügung. Aber der Boom hielt nicht an. Der Verkehr verlagerte sich auf die Straße. Ende der 1960er Jahre wurde die Bahnstrecke ganz abgebaut. Auf einem letzten Stück Gleis steht ein letzter Personenwaggon, heute Kleinbahnpension.

Die Kleinbahnpension wartet mit den Abteilen »Seltenrain« und »Heilinger Höhen« auf Schlafgäste. Das sind keine Suiten in einem Luxuszug, hier ist friedlich-freundliches Zusammenleben auf engem Raum Bedingung für einen erholsamen Aufenthalt. In jedem Abteil können maximal vier Erwachsene übernachten. Es gibt ein Bad mit Dusche, Waschbecken und WC, eine kleine Küche, Fernseher. Der Preis ist erschwinglich. Hunger muss auch keiner leiden. Einfach das Land-Frühstück bestellen oder zum Imbiss in die Kirchheilinger Wurstkammer gehen, wo die Knackwurstprofis am Werke sind.

Wer einmal selbst Uhrzeiger sein möchte, radelt bei Sonnenwetter die knapp drei Kilometer bis Tottleben. Im Gutspark Tottleben findet man eine sogenannte analemmatische Sonnenuhr. Das klingt nur kompliziert, ist einfach eine Ellipse auf dem Boden. Wer die Zeit erfahren will, stelle sich als Schattenstab zur Verfügung und erfährt so die wahre Ortszeit. Je dünner der Stab, desto genauer.

Adresse Bahnhofstraße 184, 99947 Kirchheilingen, Tel. 036043/72041 | **Anfahrt** auf der B 84 von Bad Langensalza (Richtung Sondershausen), in Kirchheilingen rechts in die Bahnhofstraße, dann rechts auf den Platz vor der Pension | **Tipp** In der Kirchheilinger Bahnhofstraße 186a findet man den Laden von »Landfactur – Die Genussmacher«: schmackhafte Thüringer Produkte zum Probieren und Mitnehmen.

25 Kannibalen und Kreuzritter

Der Schieferhof

Das zu Bad Langensalza eingemeindete Dorf Nägelstedt liegt am Tor zum Unstruttal. Nordöstlich des Ortes fand man bei Bauarbeiten eine bandkeramische Siedlungsgrube. Die Archäologen rückten mit ihren Arbeitsmitteln – Kelle und Pinsel, Papier und Buntstift – an, um den Fundplatz wissenschaftlich aufzubereiten. Sie fanden neben Keramikscherben und Tierknochen auch menschliche Knochenreste. Manche Spuren an den Knochen legten Kannibalismus nahe, aber es sei höchstwahrscheinlich nur Menschenfleischessen kultischer Art gewesen.

1222 erwarb der Deutsche Orden, Ballei Thüringen, in Nägelstedt einen Gutshof. Was für ein Ball-Ei? Haben die damals Rugby gespielt, wozu ja ein Ball in Form eines verlängerten Rotationsellipsoids benötigt wird? Wörter und Wortsinn kippen aus dem Sprachschatz, wenn sie ihre Bedeutung verlieren oder wenn eine Sprache von Bedeutung, wie es das Lateinische einst war, dieselbe verliert. Ballivus bedeutet Aufseher. Als Ballei wurde ab dem 13. Jahrhundert der Verwaltungsbezirk eines Ritterordens bezeichnet, in dem meist mehrere Niederlassungen, die Komtureien, zusammengefasst waren. Und so eine war der Schieferhof, ein festungsartiges Gebäude, erbaut ab 1565 unter Ordenskomtur Hans von Görmar. So wie das trutzige Gebäudeensemble aussieht, waren die Nägelstedter Ritter ein nicht unbedeutendes Stück des großen Machtnetzwerkes »Deutscher Orden«, der zum Ende des 13. Jahrhunderts ja sogar einen eigenen Staat im Baltikum hatte: den Deutschordensstaat. Der zog sich von der Oder bis ins heutige Estland. In Blütezeiten war das ein Gebiet von rund 200.000 Quadratkilometern.

1410 kriegten die Kreuzritter allerdings von Polen und Litauern dermaßen eins auf die Ritterhaube (Schlacht bei Tannenberg), dass ab da der Niedergang einsetzte. Im Nägelstedter Schieferhof aber residierten die Kreuzritter bis zur Ordens-Aufhebung anno 1809.

Adresse 99947 Nägelstedt, Schieferhof in der Ortsmitte, an der Hauptstraße | **Anfahrt** B 176, zwischen Bad Langensalza und Tonna abbiegen in Straße Richtung Nägelstedt, über die Unstrut ins Dorf | **Tipp** Ein Rundgang durch Nägelstedt lohnt sich, dabei bitte die beiden Kirchen (über die der Ritterorden Patronatsrecht ausübte), das Bürgerhaus und das Brunnenhaus nicht vergessen.

26 Radeln im Grün

Das NSG Unstruttal

Hier soll zunächst noch einmal daran erinnert werden, dass es möglich ist, von der Quelle bis zur Mündung zu radeln, denn es gibt ja den Unstrut-Radweg. Fluss und Radweg schlängeln sich zumeist gemeinsam durchs Gelände. Von Kefferhausen bis Naumburg gibt es auf knapp 200 Kilometern nur wenige Steigungen. Stramme Radlerwaden und E-Bike-Motoren haben wenig zu tun, denn sehr oft geht es sogar leicht bergab. Man kann rollen lassen und in sechs Tagen à 25 bis 40 Kilometer alles bequem schaffen und zudem noch touristisches Begleitprogramm genießen. Wer nicht so auf Städtetourismus steht, legt eben durch Mühlhausen, Sömmerda und die anderen größeren Orte einen Zwischensprint ein und gibt sich ab Ortsausgang wieder der schönen Thüringer Landschaft hin.

Geradezu paradiesisch ist es im rund sechs Kilometer langen Naturschutzgebiet Unstruttal zwischen Nägelstedt und Großvargula. Manchmal ist es hier vollkommen still. Dann wieder Vogelgezwitscher, leises Unstrut-Murmeln, das Klickern der Räder und die Gespräche der Radler. Lieber schweigend genießen, tief durchatmen, Natur in der Seele oder auf der personeneigenen Festplatte speichern. Das Ufer ist von Weiden, Pappeln und Eschen gesäumt. Auf den flussnahen Wiesen wächst Streuobst heran. Unter den Obstbäumen wechseln sich das Jahr über unzählige Adonisröschen, Goldastern und Fransenenziane mit Blühen ab.

Bevor man sich ganz der Natur hingibt, sollte man am Eingang des NSG Unstruttal rasten und einkehren, da, wo am anderen Ufer die alte Lohmühle steht, an der sich schon 1255 ein Wasserrad drehte. Das heutige, fast vier Meter breite Schaufelrad mit einem Durchmesser von sechseinhalb Metern ist ganz neu und dient der Energiegewinnung. Auf die Lohmühle hat man einen schönen Blick, wenn man auf der Terrasse des gegenüberliegenden »Unstrutgrills« sitzt. Radler trinken ein Radler, essen vom Grillteller. Und weiter geht's!

Adresse »Grill zum Unstruttal«, Mühlen 4a, 99947 Nägelstedt | Anfahrt mit dem Auto von der Hauptstraße in Nägelstedt abbiegen in Enge Straße, weiter Zum Unstruttal, an der Gabelung rechts weiter bis zur Gaststätte, dort parken | Öffnungszeiten April–Okt. Mo–Fr ab 12 Uhr, Sa, So und an Feiertagen ab 11 Uhr, Nov.–März nur Sa und So ab 11 Uhr (oder nach Vereinbarung, Tel. 0172/3462602); geöffnet, solange die Gäste wollen | Tipp Wenn man mal wissen will, was ein Pyrrhussieg ist, besuche man das Stadtmuseum Bad Langensalza und frage nach der Schlacht vom 27. Juni 1866. Außerdem erinnern einige Denkmale und Grabstätten in und um Bad Langensalza, Merxleben und Kirchheilingen an dieses Ereignis. Sie sind öffentlich zugänglich.

27 Unstruthunde am Schloss

Schloss Großvargula

Am Verhältnis zum Tier scheiden sich menschliche Geister. Oft wird aber vergessen, dass auch das Tier ein Verhältnis zum Menschen hat, und sei es ein sehr kurzzeitiges wie zum Beispiel bei einem Hundebiss. Großvargula war in der Vergangenheit zeitweilig als »Hunnevargel« verschrien, weil hier die vierbeinigen Freunde besonders beißwütig waren. Als sich ein Langensalzaer über die Kampfhunde beschwerte, soll ein Großvargulaer geantwortet haben: »Wir haben sie gezüchtet, ihr habt sie gefressen.« Denn die Langensalzaer wurden als »Hunnefresser« verspottet. Von wegen nur Chinesen essen Hunde …

Heute ist Großvargula ein beschauliches Örtchen. Im Schloss wohnen Seniorinnen und Senioren. Als das Schloss noch eine Wasserburg war, wohnte hier ein Adelsgeschlecht, das das Privileg hatte, dem Thüringer Landgrafen die Getränke zu reichen. Darum der Familienname Schenk von Vargula. Musste der Landgraf auf seinen Wein verzichten, als 1211 Mundschenk Walther von Vargula einer der Edelherren war, die die ungarische Königstochter Elisabeth (heute als heilige Elisabeth bekannt) nach Thüringen begleiteten?

Die Stammlinie der Schenken von Vargula starb Mitte des 14. Jahrhunderts aus. In der Folge gehörte Vargula erst dem Kloster Fulda, dann dem Deutschen Ritterorden und schließlich der Stadt Erfurt. Dem Fluss war der Eigentümer egal. Die Unstrut umfloss die Wasserburg und trug zu deren Schutz und Trutz bei, war aber auch immer wieder die Ursache für nasse Füße, Vernichtung von Ernten und Schimmel in den Grundmauern. Wegen der wiederholten schweren Hochwasser wurde der Unstrut eine Schleife um Großvargula gebuddelt. Im idyllischen Bogen umfließt heute der Fluss den Ort.

Das Schloss – zu dem das mittelalterliche Tor gehört und das alte Amtshaus – könnte einen Investor gebrauchen. Es liegt wunderschön, umringt von Resten des Wassergrabens und einem kleinen Park.

Adresse Senioren-Wohnpark/Schloss, Backsberg 100b, 99958 Großvargula | Anfahrt B 176, in Tonna auf die L 2128 nach Großvargula, über die Unstrut, dann rechts in Markt, weiter über Plan bis Backsberg | Tipp Drei Autominuten entfernt liegt Kleinvargula. Dort gibt es einen idyllischen Park mit Konzertmuschel und sensationeller Akustik. Regional-Kabarettisten und Poprocker kommen gern hierher.

28 Hier ist Spargelland

Herbslebener Flur

Wenn hier etwas schießt, ist es friedlich, denn es ist der Spargel. An dem Stangengemüse scheiden sich die Geschmäcker. Gourmets warten sehnsüchtig auf die Spargelzeit, anderen ist Spargel schnuppe. Kinder sollen schon Spargelessen verweigert haben mit der Begründung, sie mögen keine Kerzen. Wilhelm Busch meinte: »Denn Spargel, Schinken, Koteletts / Sind mitunter auch was Netts.« Nett klingt immer ein bisschen herablassend. Dabei ist Spargel schmackhaft und nicht nur in der Herbslebener Flur ein nicht zu unterschätzender Wirtschaftsfaktor.

Der Volksmund haut mitunter etwas derb drauf. Der Maulschauer Martin Luther hätte sich aber nicht gewundert, wenn er gehört hätte, dass hinter Döllstädt auf dem Berg das Land der Ärsche beginnt. Das Land der Gesäßreckenden existiert nur zwischen Ende April und Johanni. Der Volksmund weiß auch: »Bis Johanni nicht vergessen: sieben Wochen Spargel essen.« Vorher aber ernten. Am 24. Juni, dem Johannistag, ist Schluss mit gebückter Haltung und Spargelstecherei, damit sich die Pflanzen bis zur nächsten Ernte regenerieren können.

Spargel ist gesund, besteht zu über 90 Prozent aus Wasser, 100 Gramm Spargel haben nur 20 Kalorien. Das ist wichtig, damit als Ausgleich in die Sauce hollandaise viel Butter gerührt werden kann. Wir kennen eigentlich nur weißen und grünen Spargel. In Afrika kennt man 15, in China sogar 30 unterschiedliche Spargelsorten. Manchmal muss Spargel als Vergleichsobjekt herhalten, zum Beispiel wenn lange, dünne Männer Spargeltarzan genannt werden. Der (Ost-)Berliner Fernsehturm wurde zärtlich als Telespargel bezeichnet. Und Feministinnen lächelten finster, als Landwirtschaftsminister Karl-Heinz Funke, ein trinkfester, barocker Typ und Agrar-Lobbyist, witzelte: »Spargel behandelt man wie eine Frau: vorsichtig am Kopf anfassen und feinfühlig nach unten streicheln.« Die Herren Spargelbauern fanden den Spruch herrlich.

Adresse 99955 Herbsleben | **Anfahrt** B 176, in Döllstädt abbiegen nach Herbsleben | **Tipp** Obstgeist kennt man ja. Das Wort Gemüsegeist ist noch nicht erfunden, derselbe als Spargelgeist aber existent und trinkbar. Die Fahner Landbrennerei (Im Gütchen 1 in Döllstädt) hat ihn im Angebot.

29 Fellige Entschleunigung

Die Unstrut-Lamas

Der wichtigste Satz nach der sehr freundlichen Begrüßung: Die Lamas spucken nicht. Jedenfalls nicht auf Menschen. Aber Lamas sind tierisch neugierig. Mit leicht bangen Herzen stehen sich also Mensch und Lama gegenüber und beschnüffeln sich. Die vier weißen Lamas sind allesamt Jungs. Lamawallache. Da gab es bei jedem Neuzugang natürlich Rangordnungskämpfe. Das Ergebnis muss immer wieder abgesichert werden. Bevor die Wanderung mit den Tieren losgeht, ordnen sich die Herren Lamas auf dem Erdhügel, genannt Profilierungshügel, am Parkplatz. Cheflama oben, die Untergeordneten sichtbar tiefer aufgestellt. Es sieht aus wie eine Siegerehrung.

Lamas sind nicht lahm, nein, sie sind zumeist tiefenentspannt. Lamas, sagt man, seien wahre Meister der Gelassenheit. Deshalb sind die Zauberworte auf der Werbepostkarte und der Internetseite von »Unstrut-Lamas« logischerweise Entschleunigung, ruhiges Gehen, Stressabbau, Erholung in der Natur. Dabei begegnet die Schar der Erholungsuchenden dem Tier – für manches Stadtkind ein unglaublicher Vorgang. Und erst die Freude, wenn man sich endlich traut, das warme, weiche Fell der Lamas zu streicheln. Neben den Wanderungen sind Kindergeburtstage der Renner, wobei »Renner« hier ein nicht ganz passendes Wort ist, außer wenn Lama Cäsar mal wieder den Brötchenkorb entführt.

Wandern mit Cäsar, Max, Pasco und Oskar und tiergestützte Therapien sind der Gesundheit förderlich. Aber man kann sich auch mit den Tieren auf dem zur Unstrut hin abfallenden Grundstück aufhalten, die Ruhe genießen, sich in Seminaren erklären lassen, wie man das hinkriegt mit der Anti-Hektik. Ohne PowerPoint und Lunchkoma, wie die Seminarleiter lächelnd erklären. Ab und an rennt Hund Asta runter an den Fluss, guckt nach den Forellen oder verbellt ein vorbeigleitendes Kanu. Manchmal ist die Welt doch noch eine Idylle. Man muss sich nur dem Rhythmus der Lamas anpassen …

Adresse (Büro!) Anger 8, 99955 Herbsleben, Tel. 0178/4986166, www.unstrut-lamas.cu | Anfahrt B 176, in Döllstädt abbiegen, weiter in Herbslebener Straße, dieser bis Anger 8 in Herbsleben folgen. Dann erfährt man den Weg zu den Lamas. | Tipp Geocacher suchen das Ernst-Michels-Börnchen.

30_Hellwig war helle

Das Zahnbürstendenkmal

Die Entdeckung einer Schwefelquelle rührte Anfang des 19. Jahrhunderts am Schlaf der kleinen Tennstedter Welt. Mit den Kureinrichtungen, den Pensionen für die Gäste und mit ebenjenen Kurpatienten kam der Aufschwung. Goethe war einer der Ersten. Er kurte sieben Wochen, fühlte sich hier wohl. Auf einem seiner ausgedehnten Spaziergänge zu den Karstquellen fing er an, sich Gedanken über eine eigene Farbenlehre zu machen. Und der Dichterfürst arbeitete während der Tennstedter Wochen immer wieder am »Reineke Fuchs«, dem Versepos über den fuchsschlauen Lügner und Betrüger, den Verräter und Gewalttäter, der es schließlich bis zum königlichen Berater bringt.

Hat der Weimarer Geheimrat Goethe eigentlich Zähne geputzt? Also seine. Man weiß, dass Johann Wolfgang an dem Knochen herumgekratzt hat, der die oberen Schneidezähne trägt, dem Zwischenkieferknochen. Doch die Zähne, schmutzig dicht, nein, die putzt' der Bursche nicht. Dabei hätte er sich gerade in Bad Tennstedt dazu inspirieren lassen können. Denn hier erfand über 100 Jahre vor Goethes Kurbesuch der Stadtphysikus Christoph Hellwig (später mit einem »von« geadelt) die europäische Zahnbürste in der Form, wie wir sie auch heute noch kennen.

Hellwig hatte in Jena und Erfurt Medizin studiert und praktizierte in Weißensee und Frankenhausen, bevor er Stadtarzt von Tennstedt wurde. Hellwig erkannte, dass mangelnde Mundhygiene die Entstehung von Krankheiten im Körper sowie den Zahnverfall begünstigt. Und vielleicht hatte er die Nase ja auch voll vom grassierenden Mundgestank. Hellwig guckte jedoch nicht nur in menschliche Öffnungen, sondern auch in die Sterne. Er publizierte den ersten »Hundertjährigen Kalender« und andere Druckwerke, wofür er sich die Pseudonyme Valentin Kräutermann und Caspar Schröder zugelegt hatte. Das beschauliche Bad Tennstedt erinnert an Hellwig mit dem Zahnbürstendenkmal.

Adresse Markt, 99955 Bad Tennstedt | Anfahrt B 176, in Döllstädt abbiegen, über Herbsleben nach Bad Tennstedt, dort Gothaer Straße, rechts abbiegen in Bergstraße, links in Zum Tannenwäldchen, links in Bahnhofstraße, rechts in Am Osthöfer Tor bis Markt | Tipp Man kann in Bad Tennstedt auf Goethes Spuren wandeln, Genaueres erfährt man in der Stadt-Information in der Kurstraße 10.

31 Aus diesen Mauern

Bergmanns Geburtsstadt

Erst Mitte des 15. Jahrhunderts wurde um Tennstedt eine schützende Mauer gebaut. Ein Schildbürgerstreich, Verschwendung von Steuergeldern und Bürgerschweiß. Denn die Stadtmauer mit ihren vier Toren war bei ihrer Fertigstellung militärtechnisch völlig veraltet und damit überflüssig. Und die Tennstedter hatten für die Mauer ihre Vergangenheit geschleift. Die letzten steinernen Zeugnisse der Wasserburg, einer wichtigen Schutzburg der Thüringer Landgrafen auf der Verbindungsstraße Eisenach–Weißensee–Neuenburg, wurden neu verbaut.

Innerhalb dieser Mauern wurde am 8. Juni 1851 Leonhard Sigmund Ludwig Bergmann geboren. Mit 18 Jahren wanderte er nach New York aus und schlug sich mit Gelegenheitsarbeiten durch, bevor Amerikas berühmtester Erfinder, Thomas Alva Edison, auf den geschickten und erfinderischen jungen Mann aufmerksam wurde. An der Entwicklung der Glühbirne hat Bergmann beträchtlichen Anteil. In den USA wurde der Selfmademan zu einem erfolgreichen Unternehmer. Er ließ sich einbürgern. Aber dann kam die »Pariser Elektrizitätsausstellung« von 1881. Bergmann war dabei und nutzte die Reise zu einem Abstecher in die Hauptstadt des zehn Jahre zuvor gegründeten Deutschen Reiches. Bergmann war begeistert, vor allem von den Möglichkeiten, hier Industrie aufzubauen und viel Geld zu verdienen. Das Weitere ist schnell erzählt und eine Erfolgsgeschichte ersten Ranges, denn Bergmann verkaufte 1889 seine Edison-Anteile und gründete mit dem Erlös in Berlin-Moabit seine eigene Firma, die innerhalb weniger Jahre zu einem Industrie-Imperium wachsen sollte. Das allerdings schaffte Bergmann nicht allein.

Interessant ist, dass Bergmann schon früh Elektroautos produzieren ließ. Die Postautos zum Beispiel fuhren in der DDR noch bis in die 1950er Jahre abgasfrei und leise Pakete aus. Und wer sich an den VEB Bergmann-Borsig erinnert, weiß jetzt: Ach, der Bergmann!

Adresse 99955 Bad Tennstedt | Anfahrt B 176, in Döllstädt abbiegen, über Herbsleben nach Bad Tennstedt | Tipp Im ehemaligen kursächsischen Kreisamt am Markt 7 arbeitete ab Oktober 1794 der Dichter Novalis als Aktuarius (Schreiber) des Kreisamtsmanns.

32 Rothenbarths Katz'

Die Garten-Kleinkunstbühne

Wie ungewöhnlich die Straßen hier heißen: Der Schlag, Haderecke, Brandstätte. Im Entenplan 117 (die Nummerierung der Schwerstedter Häuser ist nicht weniger ungewöhnlich) wohnen Thüringens berühmtester Märchenerzähler und seine Frau. Andreas vom Rothenbarth heißt er, aber einen Adelsstammbaum hat er nicht. Der Name ist ein Pseudonym, kaum jemand kennt seinen »bürgerlichen« Namen. Außerdem steht der bärtige Mann mit dem weiten Umhang und der warmen Erzählstimme im Telefonbuch unter Rothenbarth.

Die Kleinkunstbühne »Zur Katz'» ist keine Bühne, sondern eine leicht ansteigende Wiesenfläche in Rothenbarths Garten hinterm Haus. Manchmal wird ein Bühnchen draufgebaut, Zuschauerbänke werden aufgestellt, und die Katzen streichen drum herum. Das Logo der Kleinkunstbühne »Zur Katz'» ist ein Kater. Der grünäugige Blaugestiefelte winkt mit einem Stöckchen, an dem oben eine der bekannten Theatermasken steckt, natürlich die lachende. Hinein zu Erzähltheater, musikalisch-literarischen Abenden oder Kinderveranstaltungen kommt man am Gartentor Hermannscher Weg, gleich neben dem Bächlein namens Öde. Es ist nur ein Bach. Ein-öde liegt also nahe, sei aber falsch, weil Öde mundartlich für Eden stehe. Im Garten kann man vor der Vorstellung flanieren, einen Blick auf den »gehäkelten« Backofen werfen und auf das schwarzbunte Klangvieh Elsa, Zaunkönige beobachten und nach der Vorstellung vielleicht die Nachtigall schlagen hören.

Auf der Internetseite der »Katz'» gibt es sechs liebevoll grinsend formulierte Anfahrtswegbeschreibungen. Die sechste geht so: »Vom Rest der Welt aus fliegen Sie Erfurt Airport an, fahren mit der Straßenbahn Linie 4 bis zum Hauptbahnhof, wählen den Regionalzug nach Straußfurt und rufen dort vom Bahnhof aus an, wir holen Sie ab.«

Die Veranstaltungen bei Andreas vom Rothenbarth sind so beliebt, dass die Besucher sich entschuldigen, wenn sie nicht kommen können.

Adresse Entenplan 117, 99634 Schwerstedt, Tel. 036376/56610 | **Anfahrt** hinter Gebesee B 4, links Richtung Schwerstedt, im Ort bei der Feuerwehr links, Lange Straße bis zum Ende, dann rechts und gleich wieder links, hinter der Scheune liegt: »Zur Katz'«; Parkplätze im Umfeld | **Tipp** Im ehemaligen Rittergut Lützensömmern, OT von Kutzleben, findet alljährlich ein Internationales Jugendcamp als Zeltlager von Kindern und Jugendlichen statt, die homosexuell, bisexuell oder transsexuell sind. Das Rittergut ist ganzjährig für alle buchbar.

33_Zu jeder Jahreszeit

Der 4Jahreszeitenhof

Auf Gebesees Wappen hält ein in Goldgelb gekleideter Heiliger in der Linken ein großes Buch und in der Rechten einen Rost. Ein Thüringer Heiliger kann es nicht sein, sonst sähe der Rost anders aus, nämlich so, dass er auch zum Grillgutgrillen geeignet wäre. Etwas mysteriös also (Aufklärung auf Seite 100). Mysteriös sind auch die Sagen, die sich um Gebesees Schloss ranken, vor allem die vom Katzengericht. Stopp, Tierfreunde! Es geht nicht darum, dass Thüringer hier früher Katzen zu wohlschmeckenden Gerichten verarbeiteten, sondern um eine von der Schlossdame verzärtelte Katze.

Als dem Schlossherrn der lang erwartete Stammhalter geboren wurde, flippte die Katze völlig aus und biss dem Konkurrenten den Hals durch. Man hielt Gericht über den aggressiven Stubentiger und verfügte das Aufhängen der Katze: Kopf nach unten, damit der Teufel höllenwärts aus ihr entweichen könne. Ebenso mysteriös? Eher nicht, wenn man erfährt, dass vom 14. bis 17. Jahrhundert Gerichtsprozesse gegen Tiere keine Seltenheit waren. Tiere, die Menschen angegriffen oder ihnen Schaden zugefügt hatten, wurden ertränkt, gehenkt oder lebendig begraben – verwilderte Schweine, Hunde, Wölfe, Rinder oder Pferde. Auch Pferde! Die Bauern lächelten finster.

So, nun endlich heraus aus den finsteren Zeiten, hinein in einen kleinen, sonnengefluteten Saal mit Blick auf eine glänzende Zukunft. Gibt es Zukunft im Plural? Hier im Saal des »4Jahreszeitenhofs« haben nämlich schon viele Paare nach dem gegenseitigen Zukunftsversprechen gefeiert. So wie der Feiersaal heute aussieht, denkt keiner an eine Scheune. Aber das war es mal. Fotos an der Wand beweisen die aufwendige Metamorphose. Weil rund ums Jahr immer etwas los sein soll, haben die Eigentümer und Betreiber das Anwesen »4Jahreszeitenhof« getauft. Hochzeitsfeiern wechseln sich mit Kabarett, Schokoladeseminaren, Konzerten und Zumba ab. Elvis war auch schon da.

Adresse Siedlung 11, 99189 Gebesee, Tel. 036201/599804 | Anfahrt B 4/B 176, in Gebesee abbiegen in Siedlungsweg, bis zum Ende fahren | Tipp Junge Tanzwütige nutzen ganzjährig den »Club KlangKino« (Flur 1 in Gebesee). Zu Himmelfahrt kommen Tausende zum Techno-Festival mit 90 DJs auf sechs Dancefloors.

34 Die Kraniche ziehen

Das Staubecken Straußfurt

An manchen Tagen bezweifelt man den Sinn dieses Rückhaltebeckens, da sieht es hier aus wie an der Nordsee bei Ebbe. Das Becken soll vor allem die ständigen Überschwemmungen zurückhalten. Das Rinnsal!? Doch wenn man erfährt, dass trotz Hochwasserschutz im Frühsommer 1994 die Fluten über die Dammkrone geflossen sind, wundert man sich nicht mehr. Rund um Straußfurt ist es meist knochentrocken. Hier werden Niederschlagsmengen gemessen, die zu den niedrigsten in Deutschland gehören. Es fallen manchmal so viele Millimeter im ganzen Jahr wie andernorts an einem Tag. Aber Wasser fließt, und die Unstrut floss oft und gern über. Man muss allerdings auch dazusagen, dass der Mensch den Fluss begradigte, damit er schiffbarer sei. Auch das erhöhte die Fließgeschwindigkeit, und so kam im Ernstfall eben sehr schnell sehr viel Wasser.

Seit 1961 sind die Orte und Landschaften flussabwärts durch den Staudamm geschützt. In den regenarmen Sommern profitiert die umliegende Landwirtschaft vom Angestauten. Hazweiohwieschön!

Baden und Schwimmen sind verboten, bei dem niedrigen Wasserstand auch sinnlos. Schwimmen können hier nur die Wasservögel. Im Herbst stehen an einigen Tagen Fachleute und Hobby-Ornithologen in Scharen am Ufer, das Fernglas an den Augen, um sich am Anblick Tausender Kraniche zu ergötzen. Die machen hier Rast auf ihrem Zug nach Süden, fressen sich rundum auf den Feldern kleine Pölsterchen an, die sie auf dem Weiterflug schnell wieder loswerden. Frauen sind voll Neid.

In Straußfurt ist die Kirche Sankt Petri ansehenswert. In unmittelbarer Nähe hat sich ein Kriegerdenkmal erhalten, das an den Deutsch-Dänischen Krieg 1864 und weitere Kriege erinnern soll. Ein Ehrenmal für die Weltkriegsgefallenen gibt es extra. Und vor dem Haus Bahnhofstraße 7 hat Gunter Demnig einen Stolperstein für Melitta Opfermann gesetzt, die man 1940 in der Heilanstalt Stadtroda verhungern ließ.

Adresse Am Staudamm, 99634 Straußfurt | **Anfahrt** B 4 bis Henschleben oder Straußfurt | **Tipp** Im Fischrestaurant »Am Staudamm« in Vehra (auch Hotel) kann man unter einem Schwertfisch einheimische Grätentiere und solche aus den Weltmeeren verspeisen.

35 Gastfreundliche Mönche

Kloster Sankt Wigberti

Richtige Mönche leben hier, Männer, die ewigen Profess abgelegt haben, also das Bekenntnis, sich auf Lebenszeit an den Orden zu binden, ehelos, keusch und gehorsam. Aber das Kloster ist kein Gefängnis, auch kein von außen unzugänglicher Raum. Im Gegenteil, Sankt Wigbert ist offen für weltliche Wanderer, für christliche Pilger, für Neugierige und Ruhesuchende. Man kann hier über Nacht bleiben, aber auch länger.

Die große Kirche heißt ebenfalls nach diesem Wigbert. Der ist für die deutsche Kirchengeschichte nicht ganz unbedeutend, da er treuer Begleiter des Bonifatius war und kräftig an der Christianisierung des Heidenlandes mitwirkte. Als Bonifatius die heilige Donareiche bei Fritzlar hatte fällen lassen, soll es Wigbert gewesen sein, der auf die Idee kam, daraus ein kleines Christenkirchlein zu erbauen. Ein Jahr später sei unter seiner Obhut daselbst ein Mönchskloster errichtet worden. Und wer wäre wohl besser geeignet gewesen, als erster Abt dort zu fungieren? Natürlich niemand anderes als Wigbert. Er starb in Fritzlar, wo im Dom einige Teile von ihm als Reliquien übrig geblieben sind. So gut wie Jesus, der Wasser in Wein verwandelte, war Wigbert nicht, aber er soll es immerhin vermocht haben, direkt aus der Traube Messwein zu pressen.

Solche Zaubertricks hatten die Werningshäuser Ordensbrüder nicht in petto, als sie Anfang der 1970er Jahre begannen, die fast unrettbar verfallene Kirche und das Pfarrhaus zu sanieren. Die von amerikanischen Truppenteilen zerschossene Glocke wurde durch ein sechsstimmiges Geläut aus Bronzeglocken ersetzt, das schönste Läuten Thüringens. Das Klostergebäude mit dem kleinen Oratorium wurde seit 1989 Stück für Stück aufgebaut. Auf dem Kirchhof findet man auch eine Marienkapelle, in die zeitweilig sowjetische Soldaten aus dem Hubschrauber-Stützpunkt Haßleben zum Beten kamen. An die erinnert der orthodox wirkende Zwiebelturm des Klosters.

Adresse In der Pfarrgasse 108, 99634 Werningshausen, Tel. 036376/50226 – Anrufzeiten beachten! | **Anfahrt** B 4 bis Henschleben, dort rechts Richtung Werningshausen | **Tipp** Hinter der Kirche liegt Philipp Christian Bach (Großneffe von Johann Sebastian) begraben, der im 18. Jahrhundert Pfarrer in Werningshausen war.

36_Bürgerfleiß und Feierlust

Altes Gutshaus

Die Adresse ist lang. Das »Alte Gutshaus« steht am Platz der Märzgefallenen. Gemeint sind neun Mitglieder der Arbeiterwehr aus Tunzenhausen, die im März 1920 von Kapp-Putschisten umgebracht wurden. Am Ortsausgang Richtung Sömmerda steht ein Denkmal für die Verteidiger der jungen deutschen Republik. Vom Denkmal aus sieht man in die Carl-Schleusing-Straße, die es erst seit 2014 gibt.

Schleusing wurde 1865 in Tunzenhausen geboren, was ihn aber nicht daran hinderte, ein weit gereister, umtriebiger Kunstmaler zu werden, der auch auf vielen anderen Gebieten unterwegs war. Er leitete Kunstschulen in Meiningen, Wien, Berlin und Newark im US-Staat New Jersey, porträtierte Könige, Fürsten und deren Angeheiratete sowie den Nachwuchs. Seine Studienreisen nutzte er zur Landschaftsmalerei. Der vielseitig Interessierte war Doktor der Naturheilkunde, später außerordentlicher Professor und lehrte in New York. Eine Ehrendoktorwürde in Philosophie nahm er dankend entgegen. Gemalt und gelehrt hat er bis ins hohe Alter. 1953 starb er im amerikanischen Montclair, wurde aber, seinem Wunsch gemäß, auf dem Berliner Waldfriedhof an der Heerstraße begraben.

Ein Bild von Schleusing, wenn auch nur eine Kopie, hängt im »Alten Gutshaus«, wie das ehemalige Herrenhaus des Gutes jetzt heißt. Für echte, also originale Malkunst ist jedoch ebenso Platz an den renovierten Wänden. Auch von außen glänzt das Gebäude wieder, das unter Denkmalschutz steht, was die Sanierung nicht einfacher gemacht hat. Dass das Haus auf den Fundamenten einer Wasserburg ruht, hatte etwas Unruhe in die finanzielle Planung gebracht. Aber nun hat Tunzenhausen ein schmuckes Dorfgemeinschaftshaus. Und die Gemeinschaft nutzt es tüchtig. Der Förderverein »Altes Gutshaus« ist umtriebig und organisiert, was nur geht. Am Unstrut-Zufluss Schmale Unstrut geht erstaunlich viel. Es ist, wie man so sagt, Leben in der Bude.

Adresse »Altes Gutshaus«, Platz der Märzgefallenen 4, 99610 Tunzenhausen, Tel. 03634/612902 | **Anfahrt** B 176 bis Tunzenhausen, dort Hauptstraße bis Platz der Märzgefallenen | **Tipp** Der Herausgeber der ersten wissenschaftlichen Numismatik-Zeitung, Pfarrer Johann Jakob Leitzmann, ist in Tunzenhausen gestorben; seine Grabstätte mit kleiner Gedenktafel an der Kirche kann man besuchen.

37_Reinheitsgebot

Rathaus Weißensee

Die Geschichte beginnt mit: Prost! Aber gleich dahinter steht ein überdimensionales Stopp-Zeichen. Im Jahr 2016 wurde groß gefeiert, weil angeblich alle Biertrinker seit einem halben Jahrtausend reines Bier zu trinken bekämen, gebraut nach dem deutschen Reinheitsgebot. Das ist natürlich bayrischer Schwachsinn, wenn auf den Flaschen immer »deutsch« und »1516« steht. Das ist, auf Jungdeutsch, übelst voll krasse Überheblichkeit.

Erstens war es 1516 ein Gebot nur fürs Fürstentum Bayern. Damals war ja Bayern noch nicht einmal Königreich, geschweige denn Freistaat. Deutsch war man überhaupt noch nicht.

Und zweitens: Als der Bayernherzog Wilhelm-Vier 1516 etwas verkündete, ging es um etwas ganz anderes. Wir lesen die Überschrift: »Wie das bier summer un winter auf dem land sol geschenckt und prauen werden«. Im Text geht's vor allem um Wucherverbot. Der Bierpreis wurde nämlich festgelegt, und zwar auf höchstens ein bis zwei Pfennig pro Maß Bier. Das waren damals 1,069 Liter. Mittlerweile ist der Wert des Bieres enorm angestiegen, und die Maß ist auch nie voll auf dem Oktoberfest. Das Gebot, dass nur Wasser, Gerstenmalz und Hopfen ins Getränk dürfen, stand nur nebenbei mit im fürstlichen Erlass.

Und drittens ganz wichtig für Thüringen, Deutschland und die Welt: 1516 wurde nicht das erste deutsche Reinheitsgebot verkündet, weil es schon 1434 in Weißensee verkündet wurde. Und wie sagte kürzlich ein Thüringer: »In nem Arschief in Weimar hammse noch eins gefundn – von 1348!« Kann man denn nicht mal mit dieser bayrischen Legende aufräumen? Sie wegräumen, endlich durch die knallharte Thüringer Wahrheit ersetzen. Wir Thüringer fordern: Weg mit der Bierlüge von allen Etiketten! Als erster Schritt soll das Weißenseer Gebot von 1434 drauf. Und alle Bierbrauer Deutschlands müssen zwangsverpflichtet werden: Besuch des ältesten Rathauses in Thüringen plus Dokumentenstudium.

Adresse Rathaus, Marktplatz 26, 99631 Weißensee | **Anfahrt** B 4, bei Straußfurt auf die B 86, in Weißensee rechts zum Marktplatz | **Öffnungszeiten** Di 9.30–12 und 13–18 Uhr, Fr 9.30–12 Uhr | **Tipp** Im Chinesischen Garten Weißensee, dem »Garten des ewigen Glücks«, kann man auch heiraten.

38 Denkmal für Walther

Die Vogelweide-Skulptur

Es gibt dieses schöne bunte Bild von ihm im Codex Manesse, wie er da sein weit ausflatterndes Pergament auf den Schwertknauf gelegt hat und nachsinnt, welches Gedicht er der deutschen Literaturgeschichte als Nächstes anvertrauen könnte. Walther von der Vogelweide, im leuchtend blauen Männerkleid hockt er da auf dem grünen Hügelchen wie der Denker von Rodin. Sieht aus wie frisch vom Friseur, mit einem Hut, der einer Krone gleicht. Ein leicht vergrübelter Intellektueller, der still vor sich hin lächelt. Oder ist es etwa Hysterie wegen des noch leeren weißen Blattes?

So ganz anders der Herr von der Vogelweide in Weißensee. Locker im Torbogen platziert, gestikuliert er mit der rechten Hand, als würde er Lyrik vortragen. Walthers Gesicht ist der Runneburg zugewandt. Ein bisschen guckt ihm der Schalk aus den Augen, der er auch war, wenn man sich einige seiner Texte durchliest. Man nehme nur das Gedicht über die Erschießung seines Pferdes bei Eisenach und den anschließenden Gerichtsprozess, der nicht zugunsten Walthers ausging, weil Richter und Beklagter kungelten. Und auf der Wartburg, wo angeblich der Sängerstreit getobt haben soll, hat er sich auch nicht ganz so wohlgefühlt, weil da viel zu viele Minnesänger auf einem Haufen um die Gunst des Thüringer Landgrafen buhlten. Walther von der Vogelweide pries Landgraf Hermann I. als Blume Thüringens, die sogar im Schnee leuchtet. Was für ein poetisches Herangeschleime!

Hermann weilte oft auf der Runneburg. Zum Tross des Landesfürsten dürften auch die Minnesänger gehört haben. So steht das Denkmal für den einen hier auch symbolisch für die anderen, von denen einige aus Weißensee stammten. In dem bunt bebilderten Manesse-Buch sind zwei zu sehen: Heinrich Hetzbold, Burgvogt der Runneburg, und ein gewisser Düring. Wie lernen heute manche Kinder? So schreiben wie sprechen. Ich gomme aus Düringn. Ach, Düring!?

Adresse Marktplatz Westseite, 99631 Weißensee | Anfahrt B 4, bei Straußfurt auf die B 86, in Weißensee rechts zum Marktplatz | Tipp In der Stadt kann man auf dem »Thüringer Sagenweg« von Skulptur zu Skulptur spazieren – moderne Kunst spiegelt alte Geschichten.

39__Kleinklein

Die Bar der »Schwarzen Katz«

Sömmerda ist ein bisschen wie Bielefeld – eine Stadt, die es gar nicht gibt. 876 erstmals urkundlich erwähnt, wechselte das Dorf öfter den Besitzer, einmal soll Sömmerda auch mal Stadtrecht bekommen haben, was sich aber nicht belegen lässt. Aufschwung und Absturz wechselten in kurzer Zeit. Nach dem Dreißigjährigen Krieg zum Beispiel waren nur noch gut 100 Häuser bewohnt. Stadtbrände, Krieg und militärische Besatzung laugten Sömmerda aus, Hochwasser zerstörten Teile des Ortes.

Und dann erschien der Nikolaus, nicht der heilige oder der Schuhbefüller, sondern Johann Nikolaus Dreyse. Das »von« bekam er 1864 für seine Verdienste um den preußischen Staat, besser gesagt für seine Verdienste ums bessere, schnellere Niedermetzeln von Preußens Gegnern. Von wegen »So schnell schießen die Preußen nicht!«. Dreyse erfand das Zündnadelgewehr, ein Hinterlader, der den preußischen Soldaten kriegsentscheidende Vorteile im Kampf verschaffte. Sömmerda wurde die preußisch-deutsche Rüstkammer, und die Stadt erblühte im Rhythmus der Produktion von Tötungsgeräten. Nach dem (hoffentlich) letzten großen Krieg wuchsen Stadt und Bevölkerungszahl planmäßig durch die friedliche Herstellung von Büromaschinen. Die Unstrut wurde gebändigt. Und dann kam die Wende. Nach ihr wurde Sömmerda schöner und schöner – 2005 erhielt man die Silbermedaille beim Bundeswettbewerb »Unsere Stadt blüht auf« –, aber es wurde auch kleiner und leerer und immer mehr so ein bisschen wie Bielefeld. Es wäre gemein, wenn man sagen würde: Besuchen Sie Sömmerda, solange es Sömmerda noch gibt. Noch haben »Die Fantastischen Vier« kein Lied über Sömmerda gemacht. Aber es ist, als machten sich die Sömmerdaer immer mehr Gedanken über ihre Zukunft, wie man sich den sinkenden Bevölkerungszahlen anpassen könne. Oder warum gibt es hier die kleinste Bar der Welt? Platz für einen Gast, der sich auch selbst einschenken kann.

Adresse Marktstraße 5, 99610 Sömmerda, Tel. 03634/622356 | **Anfahrt** A 71, Ausfahrt Sömmerda-Süd, auf Erfurter Straße, weiter auf Stadtring bis Kreuzung Marktstraße/ Bahnhofstraße, Parkplatz suchen, zu Fuß Marktstraße bis Markt | **Öffnungszeiten** (in den Sommermonaten) außer So täglich 9–21 Uhr | **Tipp** Wer in Sömmerda ins Museum will, sollte nach dem Dreyse-Haus beziehungsweise der Bibliothek fragen, offiziell: Historisch-Technisches Museum in der Weißenseer Straße.

40 Symbolträchtiges

Die Dreysse-Brunnen

Kunst ist auch der Bürokratie unterworfen, und Bürokratie hat ihre eigene Sprache. Will man etwas über die Brunnenfiguren erfahren, die der gebürtige Sömmerdaer Wolfgang Dreysse schuf, dann hört man oft, das sei »bespielbare Stadtmöblierung«. Kinder interessiert das erste Wort, auch wenn sie es noch nie gehört haben. Erwachsene fragen sich, was an den Figuren als Möbel nutzbar sein soll. Egal, die Brunnen des Quedlinburger Bildhauers sind voller verspielter Anspielungen, die mit Stadt und Stadtgeschichte korrespondieren. Wenn alle drei geplanten Brunnen stehen, werden die römische Baumfruchtgöttin Pomona, die Glücks- und Schicksalsgöttin Fortuna und Minerva, die Göttin der Weisheit, der taktischen Kriegsführung, der Kunst und des Schiffbaus sowie Hüterin des Wissens, die drei werden immer wieder die Blicke der Einheimischen und Touristen auf sich ziehen.

Diese Brunnen wären nicht entstanden, wenn nicht ein Freundeskreis Hunderte Klinken geputzt hätte. Ohne bürgerschaftliches, ehrenamtliches Engagement wäre vieles hierzulande undenkbar. Geld für Figurenkunst sammeln, das kennen die Sömmerdaer schon. 1909 wurde ein Denkmal auf dem Markt enthüllt, das den Waffenerfinder und -hersteller Dreyse und einen kaiserlichen Soldaten zeigte. Dafür hatten die Sömmerdaer auch fleißig gespendet. Von dieser bronzenen Kriegsverherrlichung ist nur der Dreyse-Kopf übrig geblieben, heute im städtischen Museum.

Aber Dreyse ist wieder da: Der alte Mann am Fortuna-Brunnen steht für diesen Teil der Stadtgeschichte, die Schicksalsgöttin guckt zu. Das hat anfangs für einige Diskussionen gesorgt. Weniger Stoff für Diskussionen gab die nackte Pomona am Wenigsömmerschen Tor. Obwohl bei einer Symbolfigur für Fruchtbarkeit im Thüringer Becken (da befinden wir uns ja geografisch) etwas mehr Becken passend gewesen wäre, und auch die Äpfel der Pomona sehen nicht nach einem guten Erntejahr aus.

Adresse Markt, 99610 Sömmerda | Anfahrt A 71, Ausfahrt Sömmerda-Süd, auf Erfurter Straße, weiter auf Stadtring bis Kreuzung Marktstraße / Bahnhofstraße, Parkplatz suchen, zu Fuß Marktstraße bis Markt | Tipp Neben der Bonifatiuskirche am Markt steht ein Denkmal für den 1744 in Sömmerda geborenen Pädagogen Christian Gotthilf Salzmann, der 1784 die philanthropische Erziehungsanstalt Schnepfenthal gründete und unter anderem zwei einflussreiche Erziehungsbücher (»Ameisenbüchlein« und »Krebsbüchlein«) schrieb.

41 Sanft wildes Wasser

Der Wildwasserkanal

Hier paddelt der Biber. Auf dem Logo des »Kanu-Clubs Sömmerda e. V.« ist er gern gesehen. Der Biber paddelt auf bewegter Welle, denn hier gibt es einen Wildwasserkanal. Aber der Club bietet auch ganz ruhiges Wasserwandern an. Man muss sich ja erst einmal mit Wasser und Material anfreunden. Die Sömmerdaer Wildwasserkanuten trainieren hier und fahren anderswo Siegerpokale und gute Platzierungen ein.

In Deutschland ist das Kanu erst Anfang des 19. Jahrhunderts als Sport- und Freizeitgerät angekommen. Was Indianer und Inuit (die früher Eskimos genannt wurden) vor allem als Jagdboot nutzten, wurde als »Grönländer« in Europa bekannt und zunächst als Reiseboot genutzt. 1866 veröffentlichte der schottische Reiseschriftsteller John MacGregor sein Buch »A Thousand Miles in the Rob Roy Canoe on Rivers and Lakes of Europe«. Er war mit seinem Kanu »Rob Roy« auch durch Deutschland gepaddelt, schrieb darüber und wurde auf diese Weise der Vorreiter, nein, Vorpaddler des europäischen Kanusports. Ebenfalls 1866 gründete er den »Royal Canoe Club«, heute weiß man: der älteste Kanuclub der Welt. MacGregor hat weitere Reisen unternommen – unter anderem auf Nord- und Ostsee, auf biblischen Gewässern, außerdem London–Paris und zurück. Und darüber schrieb er dann wieder erfolgreiche Reisebücher.

Nur wenige Minuten kurz ist die Reise für alle »Unstrut-Ninjas«, die einmal im Jahr beim Rafting um den Pokal der Sparkasse Mittelthüringen paddeln. Aber hier kämpfen sie in verschiedenen Kategorien um Zehntelsekunden, unter vielen anderen die »Schaumschläger«, die »Raftingratten«, »Bier-WG«, »Treibtgut« und »Die Unsinkbaren«. Im Mix-Wettbewerb fahren »Schneewittchen und die fünf Zwerge«. Insgesamt sind es um die 230 Mannschaften, die sich auf den Sechser-Schlauchbooten des Clubs in die Wildwasserrinne stürzen. Gaudi einen ganzen Tag lang, der mit Tanzvergnügen und Feuerwerk endet.

Adresse Kanu-Club Sömmerda e. V., Riedtorstraße 1, 99610 Sömmerda, Tel. 03634/622482 | Anfahrt A 71, Abfahrt Sömmerda-Süd, auf Erfurter Straße/Stadtring, abbiegen in Thälmannstraße, gleich links in Lange Straße, weiter auf Anger, Wachtelstraße und Petriplatz bis Riedtorstraße | Öffnungszeiten Trainingszciten Di, Mi, Fr 17–19 Uhr | Tipp Wer sich für Gartenstädte interessiert, dem sei die Gartenbergsiedlung im Norden der Stadt empfohlen, die zwischen 1914 und 1918 im Stil einer Gartenstadt errichtet wurde.

42 Thüringer Erdpyramide

Der Fürstenhügel

Auf der A 71 fährt man daran vorbei, wenn man nicht Rast machen will, da, wo »Leubinger Fürstenhügel« steht. Fehlt es an Geld, an einer Vision, wie sie mit der Pilgerstätte zur Nebraer Himmelsscheibe geglückt ist? Immerhin ist der Leubinger einer der größten Grabhügel in Mitteleuropa und zeitgeschichtlich aus derselben Kultur wie die berühmte Scheibe, aus der frühbronzezeitlichen Aunjetitzer Kultur. Die Grabbeigaben und die Art und Weise der Bestattung lassen den Schluss zu, dass der hier Bestattete eine gesellschaftlich hochstehende Persönlichkeit gewesen sein muss. Ein lapidares Schild steht unten am Hügel, von oben hat man einen weiten Blick über die Autobahn und das flache Thüringer Land. Das war's. Selbst das zerstörerische Befahren des Hügels mit Quads und Enduros scheint niemanden aufzuregen.

Als 1877 die Grabungen unter der Leitung von Professor Friedrich Klopfleisch aus Jena begannen, ahnte niemand, dass da eine kleine Sensation unter Erde und Holz und Stein versteckt war. Und unter 70 slawischen Gräbern, die in späteren Zeiten dort angelegt worden waren. Sogenannte Nachbestattungen. Denn als man tiefer grub, stieß man auf eine Grabkammer: mit Sandstein und Schilf abgedeckt, die Fugen mit Kalkmörtel gefüllt. Die Steine sind in etwa 30 Kilometern Entfernung gebrochen und hierhertransportiert worden. Eine für damalige Verhältnisse geradezu erstaunliche Leistung!

Wer hier vor rund 3.500 Jahren begraben wurde, lässt sich nicht mehr klären. Aber wer Goldschmuck, mehrere Bronzewaffen und viele Keramikkrüge mit ins Grab gegeben bekam, dazu Pferde, der kann nicht unbedeutend gewesen sein. Spätestens als 2011 ganz in der Nähe des Hügels die Reste der Fürstenwohnung gefunden wurden – ein sehr großes fürstliches Langhaus samt Waffenkammer, ein Hortfund von Bronzebeilen –, war klar, wie wichtig der Hügel für die Thüringer Geschichte ist.

Adresse Stödtener Straße, 99610 Leubingen | **Anfahrt** A 71, Abfahrt Kölleda, nach links Richtung Leubingen, in Leubingen auf Straße nach Kölleda bis Stödtener Straße, in diese links abbiegen und bis zum Hügel fahren | **Tipp** Nachbildungen der Grabkammer findet man im Museum für Ur- und Frühgeschichte Weimar und in der Leubinger Heimatstube, die gar keine Stube ist, sondern ein mit viel Herzblut gestaltetes Heimatmuseum in allen Zimmern des ehemaligen Pfarrhauses.

43 Steinerne Weisheiten

Das Gefallenen-Denkmal

Bei Griefstedt speisen mehrere Bäche ihr Wasser in die Unstrut, die sich gleich darauf in zwei Flussarme gabelt. Den Menschen, der das Wort »Fluss-Arme« erfunden hat, sollte man mal fragen, wo ein Fluss seine Beine hat. Jedenfalls teilt sich die Unstrut hier in Unstrut und Unstrut-Lossa, um sich dann bei Gorsleben wieder zu vereinigen.

Griefstedt gehörte einst dem »Deutschen Orden«. Das Ordenshaus wurde im Dreißigjährigen Krieg geplündert und zerstört. Der Komtur Johann Adam Marschall von Bieberstein ließ stattdessen Anfang des 18. Jahrhunderts ein Renaissanceschloss errichten. 200 Jahre später war das immer noch ein, wie ein Besucher schrieb, »anmutiger Aufenthaltsort«. 1948 halfen keine Proteste, weder die des Landeskonservators noch die der Kirche, es half auch nicht, darauf zu bestehen, dass das Gebäudeensemble von erheblichem kulturellen Wert sei. Der damalige Landrat war der Meinung, man müsse die Zeugnisse der Junkerzeit entfernen, weil sie neben den schönen Neubauernhöfen die Gegend verschandeln würden. Heute zeugen die Mauerreste von Häuserstürmerei und politischer Kurzsichtigkeit. Aus einer Wohnhauswand, errichtet in den 1950ern, guckt ein alter Wappenstein. Es ist das Wappen von Philipp von Bicken, der 400 Jahre vor dem Hausbau Komtur in Griefstedt war.

Wie eigentlich fast alle Dörfer in Deutschland hat auch Griefstedt ein Kriegerdenkmal, einen Erinnerungsstein an die Gefallenen, die aus den Dörfern wegmussten, weg von ihren Feldern, um auf dem Feld der gar nicht so ehrenhaften Ehre zu verbluten. Viele waren Kanonenfutter, Menschen, die zu Tausenden in den sicheren Tod geschickt wurden. Im Gegensatz zu fast allen anderen deutschen Kriegerdenkmalen mahnt dieses hier, den Sinn des Soldatentodes zu überdenken. Die Inschrift lautet: »Dass unser Opfer werde Saat für Frieden mit allen Menschen und Völkern«. Diese Saat wird immer wieder ausgebracht.

Adresse Schänksplatz, 99638 Griefstedt | Anfahrt A 71, Abfahrt Kölleda, Richtung Kölleda, links abbiegen auf B 85, bis Abbiegung Richtung Büchel/Griefstedt (links), in Griefstedt Bücheler Weg bis Vordergasse, dann links in Böckerplatz bis Schänksplatz | Tipp Die alte Dorfkirche Sankt Martin brannte 1939 aus und verlor ihren Turm. 1955 wurde sie turmlos wieder geweiht.

44 Besuch beim Urthüringer

Steinrinne Bilzingsleben

Nur dieser Engländer, der Boxgrover, und der Heidelberger sind älter, also wenn man in der kontinentalen Nähe sucht. Die afrikanischen Ururgroßväter beziehungsweise deren Reste sind freilich viel, viel älter, nämlich über sieben Millionen Jahre alt. Da ist der aufgereckte Mensch von Bilzingsleben mit seinen nicht mal 400.000 Jährchen geradezu ein zeitlich naher Verwandter von uns.

1818 soll der Paläontologe Ernst Friedrich von Schlotheim hier ein Stück Menschenschädel gefunden haben. Er hat es notiert, aber das fossile Teil ist nicht mehr auffindbar. Erst 1972 erblickte ein »Bilzi«, wie der hiesige Vorfahr manchmal liebevoll genannt wird, wieder das Licht der Archäologen-Welt. Professor Dietrich Mania fand die ersten Überreste des *homo erectus bilzingslebenensis*. Bis heute sind in der Steinrinne insgesamt fast 40 menschliche Schädel- und Kieferreste gefunden worden, inklusive neun Zähne. Wenn die Forscher richtig geforscht haben, dann sind unsere Vorfahren und deren Gene ganz schön rumgekommen in der Welt, denn der Thüringer Urmensch zeigt auffällige Ähnlichkeiten zu ostafrikanischen und asiatischen Funden.

Dass die Fundstelle Bilzingsleben so sensationell ist, liegt aber nicht an der Krone der Schöpfung, sondern an den unzähligen anderen Funden, denn hier wurde und wird eine Siedlung der Urmenschen ausgegraben. Aus allem, was bisher gefunden wurde, können die Forscher unterschiedlichste Rückschlüsse ziehen. Damals muss es wärmer gewesen sein, die Vegetation der heutigen in den afrikanischen Savannen ähnlich. Der Urmensch fühlte sich hier wohl. Sauberes Wasser, viele essbare Tiere. Die Archäologen fanden unter anderem Knochenreste von Hirschen, Bibern, Nashörnern und Elefanten – alle mit Schnittspuren. Unsere Vorfahren waren jedenfalls keine Vegetarier.

Ein bisher ungelöstes Rätsel: das Knochenfragment mit den eingeritzten Parallelen – das erste Thüringer Schriftstück?

Adresse Ausgrabungsstätte »Steinrinne« Bilzingsleben, Frömmstedter Straße, 06578 Bilzingsleben | **Anfahrt** ortsauswärts auf der Frömmstedter Straße bis zum Hinweisschild, dann links abbiegen, Parkplätze am Gelände | **Öffnungszeiten** April–Okt. Di–So 10–16 Uhr, letzte Führung 15.30 Uhr; Nov.–März nur auf Voranmeldung (tourismusbuero@bilzingsleben.de) | **Tipp** Das Bilzingslebener Teichholz mit Kräuterpfad und Gaststätte Cleric (fangfrische Forellen und Wild) ist ein erholsames Waldareal.

45 Aufgeschlossenes Schloss

Schloss Kannawurf

Es ist nicht die Wupper, über die man jordanähnlich geht, nein, hier fließt die Wipper der Unstrut zu. Wipper bedeutet die Hüpfende. Passt zum Flüsschen und zum Herzen, das einem vor Freude hüpft, wenn man sieht, wie ein Schloss gerettet wird. Die Retter sind jung und voller Tatendrang, aber das Schloss Kannawurf wird wohl noch Retterkinder und Retterenkel beschäftigen. Die Schönheit des alten Gemäuers wird von Tag zu Tag sichtbarer.

Apropos bar: Das kostet natürlich alles nicht nur körperlichen Einsatz, sondern auch Geld. Der Retter-Verein »Künstlerhaus Thüringen« versucht, viele Fördertöpfe zu finden, unter Bergen von Antragsformularen versteckte Schatztöpfe voll mit Gold. Einer der Töpfe steht bei der Kulturstiftung des Bundes, denn das Kannawurfer Projekt hat nicht nur die Renaissance des Renaissanceschlosses zum Ziel, sondern auch die künstlerische Belebung desselben. Und so wird hier zu Kunst angestiftet. Das Schloss ist Kreativraum und Künstlerherberge; ein Stipendiatenhaus – Arbeitsmöglichkeiten für »Artists in Residence« – soll dauerhaft eingerichtet werden. Aber die Pläne gehen weiter, man guckt weit über den Thüringer Beckenrand hinaus. Ziel ist es, das Schloss in der ländlichen Provinz eines Tages zu einem international vernetzten und überregional ausstrahlenden Zentrum für Kunst und Kultur werden zu lassen.

Seit der Vereinsgründung 2007 haben im Schloss schon viele Lesungen und Konzerte, Theater- und Kleinkunstaufführungen stattgefunden. Angefangen hat der Veranstaltungsreigen in einem kleinen Raum, an einem verstaubten, verstimmten Klavier. Im Winter war die Veranstaltungsdauer der Ofenleistung angepasst. Jetzt ist alles schon größer, schöner, professioneller. Im Sommer 2017 bat der Verein den Holzkünstler Richard von Gigantikow, am Unstrut-Hang ein Globe-Theatre zu bauen, eine zeitweilige Theaterbühne. Im Schloss wird in längeren Zeitabschnitten gedacht.

Adresse Künstlerhaus Thüringen e. V., Schlossplan 1, 06578 Kannawurf, Tel. 036375/643083 | Anfahrt A 71, Ausfahrt Heldrungen, B 86 bis Kannawurf, der Ausschilderung folgen | Öffnungszeiten zu Veranstaltungen, Schlossführungen und Ähnlichem; Termine im Internet | Tipp Goethes Großvater wurde 1657 in Kannawurf geboren und in der Kirche Sankt Peter und Paul getauft.

46 Die Rute zeigen

Das Ruten-Maß

Was haben die Etzlebener Kirche und der Königliche Escorial in Spanien gemeinsam? Den heiligen Laurentius. Die Kirche in dem Thüringer 300-Seelen-Dorf ist dem Märtyrer geweiht, der in Rom Kassenwart des Kirchenvermögens war. Nachdem Kaiser Valerian Papst Sixtus II. einen Kopf kürzer hatte machen lassen, forderte er den Kirchenschatz. Laurentius soll den Kasseninhalt damals an die Gemeindemitglieder ausgeschüttet haben. Nach dem Kassenumsturz präsentierte er den, wie er sagte, wahren Schatz der Kirche und wies auf den von ihm organisierten Flashmob von Verkrüppelten, Blinden und Leprakranken, von Armen, Witwen und Waisen. Der Kaiser ließ den Kirchenmann (siehe Seite 74) auf einen glühenden Rost legen, was der fröhlich scherzend kommentierte und verschied.

Und was hat das nun mit dem Escorial zu tun, der riesigen Kloster- und Schlossanlage, wo die Knochen von spanischen Königen und Königinnen ruhen? Als Grundriss des Escorials wurde von König Philipp II. ein Gitterrost festgelegt, dem heiligen Laurentius zu Ehren. Darauf baute man die größte Renaissance-Klosterburg der Welt, den Königlichen Sitz Sankt Laurentius von El Escorial.

Die Etzlebener Bauern waren sehr für das Einhalten von Maß und Ordnung. Und weil bis in die erste Hälfte des 19. Jahrhunderts hinein Streite um Ackergrößen an der Tagesordnung waren, weil oft die Fäuste flogen und die Zähne, darum setzten sich die Bauern der Umgebung zusammen, um festzulegen, wie man das richtige Maß halten könne. Und weil es noch kein Urmeter gab, machten sich die Etzlebener ihr eigenes und nannten es Rute. An der Südseite der Kirche Sankt Laurentius sind zwei Sternenkreuze eingemeißelt. Vom einen zum anderen ist es genau eine halbe Rute. Ein ganzes »Etzlebener Ruten-Maß« misst etwa 2,20 Meter. Eine friedenserhaltende Maßnahme. Sommers nähere man sich vorsichtig. Über dem Maß fliegen wilde Bienen ein und aus.

Adresse Kirche Sankt Laurentius, Lindenstraße, 06577 Etzleben | Anfahrt A 71, Ausfahrt Kölleda, Kreuzung B 85, links über Schillingstedt bis Etzleben, dort Bahnhofstraße, links in Straße des Friedens, links in Lindenstraße bis Kirche | Tipp Jedes Jahr im Juni veranstaltet Etzleben einen großen Dorfflohmarkt; zur Tradition gehört der Marktschreier alias Wurzelpeter oder Hackepeter.

47 Über-Lebens-Sprüche

Die Todes-Sonnenuhr

Wie heißt es heimelig-idyllisch: Mach es wie die Sonnenuhr, zähl die heitren Stunden nur. Hier in Gorsleben steht ein anderer Spruch an der Sonnenuhr: Unsre Lebenszeit verfleucht, wie ein schneller Schatten weicht. Der Stab, der den Schatten auf die Uhr wirft, ist eine Sense, und die wird gehalten vom Sensenmann. Der Tod von Gorsleben grinst überm Eingang zum Friedhof. Der Schnitter erinnert so viel besser daran, dass unsere Mindesthaltbarkeitsdauer nur ein statistischer Mittelwert ist. Das Ablaufdatum kann viel früher erreicht sein. Also lebe man doch so, als sei heute der erste Tag vom Rest des Lebens. Carpe diem – nutze die Nacht. Und den Tag. So kann man dem Herrn mit dem Hippchen ein Schnippchen schlagen. Lebenszeit ist wertvoll.

Manchmal helfen alte Sprüche, um das Leben mit Sinn zu füllen. Sehr altväterlich kommt der daher, dass man drei Dinge im Leben tun müsse, nämlich einen Sohn zeugen, einen Baum pflanzen und ein Haus bauen. Etwas weniger patriarchalisch zeugt man ein Kind – egal, ob Sohn oder Tochter. Und Schriftsteller lassen lieber den Baum abschlagen, um Papier für ein Buch zu bekommen. Ein Haus hätten alle Sprücheklopfer gern.

Neben dem Tod von Gorsleben ragt ein ansehnliches schlossähnliches Fachwerkhaus mit Nebengebäuden auf, der Schieferhof. Der trägt auch Wortkunst am Bau: »Mit Mühe Arbeit und Sorgen / Doch ist Lob und Dank ohne Borgen / ist gebaut worden dies Haus / Heil sei dem so geht ein und aus / Folge mir nach hast du die Lust / wirst erfahren das Bauen Geld kost.« Nun, der letzte Reim ist nicht ganz sauber, aber Mühe hat sich der Dichter gegeben. War es der Hausherr Heinrich von Germar selbst, der dies Gedicht seiner ehelichen Mitbewohnerin, Martha von Bendeleben, knüttelte? Mit Blick auf das Grün hinterm Tod von Gorsleben meldet sich noch ein Lyriker: »Der Tod kann sehr poetisch sein, / ereilt einen Freund Hein im Hain.«

Adresse Dorfstraße, 06577 Gorsleben | Anfahrt 71, Ausfahrt Kölleda, Kreuzung B 85, links über Schillingstedt, Etzleben nach Gorsleben, Hauptstraße, fast am Ortsausgang scharf links, Dorfstraße | Tipp Der Artra-Brunnen ist eine sagenumwobene Quelle unweit des Ortes auf halber Höhe an der Schmücke, die dazu erzählte Artra-Sage könnte Vorlage für einen Disney-Film sein.

48 Hinein und Hinaus

Die Thüringer Pforte

Warum kommt ihr nicht herfür, ist nicht Pforte da und Tür? Na, das ist eine recht breite Pforte, und eine Tür gibt es auch nicht. Eher ist es ein Eng-Pass, denn diese Enge musste passieren, wer auf der alten Heer- und Handelsstraße zwischen Erfurt und Magdeburg unterwegs war. Und da konnte es schon passieren, dass einem die Passage zunächst oder ganz verwehrt wurde. Man konnte sich freien Weg erkaufen. Man nennt dies Zoll. Und zum Zoll gehört freilich auch die Zollkontrolle. Es gibt Stellen, wo es für die Herrschenden und ihre Vasallen leicht war, die Kontrolle zu behalten. Hier ist so eine. Den knapp 500 Meter breiten Durchbruch zwischen den Höhenzügen Hainleite und Schmücke nennt man die Thüringer Pforte. Wer diese Landenge beherrschte, kontrollierte jeglichen Verkehr hinein oder hinaus auf dieser Seite des Thüringer Beckens. Auch heute ist das ein guter Platz für Straßenkontrollen.

Unter der Brücke steht ein Gedenkstein. Ein Schild glänzt bronzefarben. Wer nicht nur darüberfährt, sondern auch mal unter die Brücke guckt, ist hinterher etwas schlauer: »Die alte Flutmuldenbrücke von 1833 wurde in den Jahren 2002–2004 nach historischem Vorbild erneuert. Originalmaterialien (wie der ortstypische Muschelkalkstein) fanden am Neubau Verwendung. Von der alten Brücke legen die aufgestellten Pfeilerköpfe und eichenen Gründungspfähle Zeugnis ab.«

Was hier alles auf engstem Raum möglich ist: der Fluss, auch wenn er mal übervoll ist, der Straßenverkehr, die Eisenbahn, Landwirtschaft, Wald, Wohnungen, kleine Produktionsstätten. Mensch und Natur haben sich auf eine angenehme und funktionierende Weise arrangiert. Der Mensch hat die Landschaft geprägt, aber sie – darf man so sagen? – lächelt noch. Und das weiß man ja: Lachen und Lächeln sind Tor und Pforte, durch die viel Gutes in den Menschen hineinhuschen kann. Welch Erkenntnis! Mensch, du kriegst die Tür nicht zu.

Adresse 06578 Oldisleben, OT Sachsenburg | Anfahrt A 71, Ausfahrt Heldrungen, B 86 bis Sachsenburg | Tipp Die Kirche Sankt Juliana ist ein erstaunlich modern wirkendes turmloses klassizistisches Gebäude; die alte Kirche musste 1839 abgerissen werden, erhalten geblieben sind Grabplatten und gestaltete alte Bauteile.

49 Oben, Mitte, unten

Sachsenburgen und Ort

Sachsenburg gibt es hier gleich drei Mal: die obere Sachsenburg, die untere Sachsenburg (was eigentlich das mittlere Sachsenburg ist) und Sachsenburg unten, also der Ort. Und wenn man sich das so anguckt und die Historie dazu, kommt man ins Grübeln. Es ist wie mit Huhn und Ei. Was war zuerst da? Bei den Sachsenburgen hat man zwar eine Ahnung, aber keine Gewissheit. Schon die Franken, die ja im 6. Jahrhundert das Thüringer Königreich brutalstmöglich von der Landkarte radiert hatten (obwohl es damals noch gar keine Landkarten gab – siehe Seite 172), haben strategisch-taktisch-klug in den folgenden zwei Jahrhunderten oben eine Art Holz-Burg errichtet.

Das Land, wo die untere Burg draufsteht, gehörte spätestens ab 1180 den Thüringer Landgrafen (was aber gar keine Adeligen Thüringer Herkunft waren), und die ließen gern Burgen bauen. Burgen entstehen nicht ohne Bauleute und Handwerker. Zur Fron gepresste Bauern aus der Umgebung reichten nie. Also mussten Leute angesiedelt werden. Die wiederum waren froh, wenn sie im Schutze der Burg siedeln konnten, was im Kriegsfalle günstig war fürs eigene Überleben. So wird wohl der Ort entstanden sein. Später kam die obere Burg hinzu, als die Wehr nach Westen. Burg oben und Burg unten und das dazwischenstehende Kirchlein waren durch Gräben und vielleicht durch unterirdische Gänge miteinander verbunden. Eigentümer und die Nutzung der Burgen wechselten. In einer wurden Pferde gegen Bürohengste ausgetauscht, in der anderen wurde gewohnt, ein Teil wurde zur romantischen Burggaststätte. Die Romantik endete im Panzerbeschuss 1945.

Übrigens war es auch hier in der Folgezeit ein Verein, der in vielen Stunden unentgeltlicher Arbeit die Burgen gesichert hat, verschüttete Teile freilegte und für interessierte Besucher zugänglich machte. Heute gehören die Sachsenburgen zum Bestand der Stiftung Thüringer Schlösser und Gärten.

Adresse 06578 Oldisleben, OT Sachsenburg | **Anfahrt** A 71, Ausfahrt Heldrungen, B 86 bis Sachsenburg, unterhalb der Burgen sind Parkplätze, der Rest muss zu Fuß geschafft werden, circa eine Viertelstunde | **Öffnungszeiten** beide Burgruinen sind frei zugänglich | **Tipp** Hinter den Sachsenburgen erstreckt sich ein Waldgebiet, das sehr gut zum Wandern geeignet ist.

50_Willkommen und Abschied

Der Imbiss am Bahnhof

Wer in Thüringen geboren wurde und aufgewachsen ist, hat Geschmäcker im Mund und Aromen in der Nase, die sind sozusagen in den genetischen Grundcode eingraviert. Das kriegt man nicht weg. Und wenn für eine Weile Geschmacksknospen und Geruchsrezeptoren nicht mit diesem lebenswichtigen Input versorgt werden, dann ist das für viele wie kalter Entzug. Da fehlt etwas im Leben, was das Leben erst lebenswert macht. Darum gibt es solche Orte wie den Imbiss am Bahnhof Heldrungen in Bahnhof Heldrungen. Klingt komisch, ist aber nichts anderes als ein Ortsteil dieses Namens mit zugehörigem Bahnhof.

Ein kleiner Umweg im Kopf, in der Realität sind es knapp 2.900 Kilometer oder mindestens 26 Stunden reine Fahrzeit mit dem Auto von hier: Am portugiesischen Cabo de São Vicente, da, wo das europäische Festland endet (bitte jetzt nicht singen: Europa hat ein Ende, nur die Wurst hat zwei!), dort gibt es die letzte Thüringer Bratwurst vor Amerika. Am Imbiss mit Blick auf die Weiten des Atlantiks wird außerdem das heiß begehrte Kap-Zertifikat ausgestellt. Die Würste gehen weg wie warme Semmeln, samt Semmel natürlich. Ohne Brötchen keine Thüringer Bratwurst. Ein letzter Biss – und tschüss!

Genauso, wenn auch nicht so herzzerreißend, ist es hier. Letzte Bratwurst vor Sachsen-Anhalt. Oder die erste, wenn man die alten Straßen fährt und nicht den schnellen Weg über die Autobahnen nimmt. Eben Willkommen und Abschied.

Im Internet wird kommentiert, hier müsse man anhalten, dies sei der erste Anfahrtspunkt, wenn man nur halbwegs in der Nähe sei, bessere Bratwurst gebe es nirgendwo anders. Hammer! Super! Megalecker! Die beste der Welt! Das beleidigt natürlich ein wenig alle anderen Thüringer Fleischer, die ihre Bratwurst für die beste halten, und es unterschlägt auch regional sehr unterschiedliche Bratwurstrezepturen, aber letztendlich ist es egal, weil der Geschmack ja Geschmackssache ist.

Adresse Am Bahnhof 14, 06577 Heldrungen, OT Bahnhof Heldrungen | **Anfahrt** A 71, Ausfahrt Heldrungen, auf der B 86 bis Bahnhof Heldrungen | **Öffnungszeiten** Wenn der Rost glüht, glüht er. | **Tipp** Das Rathaus ist um 1900 nach Plänen des Hallenser Architekten Friedrich Fahro gebaut worden. Fahro hat auch viele Kirchen entworfen, unter anderem die Lutherkirche in Bad Kösen, den Entwurf hat er gleich noch einmal für die Bonifatiuskirche in Altenbeichlingen genommen.

51 Wasserburgfrieden

Wasserburg Heldrungen

Die Festung Heldrungen ist sehr gut erhalten. Eine Wasserburg mit zwei Wassergräben, ein militärischer Trutzbau, oft genug Schauplatz wüster Gewalt. Man umschreibt das manchmal mit Unmenschlichkeit. Leider muss man konstatieren, dass genau dieses Unmenschliche zum Menschsein dazugehört. Der Mensch ist des Menschen Wolf. Aber der Mensch kann den Wolf in sich auch domestizieren. Es reicht ja schon der innere Schweinehund.

In der Wasserburg wurde Thomas Müntzer, der Führer des größten Bauernaufstands in der deutschen Geschichte (siehe auch Seite 34), vor seiner Hinrichtung tagelang geschunden. Was Menschen einem Menschen an Grausamkeiten antun können, hat Müntzer am eigenen Leib erfahren.

Heute ist die Wasserburg Heldrungen, genauer gesagt das Schloss, eine der meistgenutzten Jugendherbergen Thüringens. Frohes Jugendleben! Es geht ganz unhistorisch zu, wenn heute Jugendgruppen im Schloss übernachten, auf den Freiflächen spielen, sich im Bogenschießen messen, herumsitzen, im Burggraben paddeln, ein bisschen Sport und anderes treiben, sich treiben lassen. Sagt man noch »chillen« dazu? Wenige gehen zu dem 1976 eingeweihten Müntzer-Denkmal. Dabei könnte man beim Ansehen der Seiten des Denkmals seine Ansichten überprüfen und gegebenenfalls darüber diskutieren, was heute zum Menschsein dazugehört und was man selbst dazutun möchte.

Vielleicht hilft bei der Suche nach Lebenssinn eine andere Geschichte. Auf Schloss Heldrungen wurde 1794 Amalie Marschner geboren. Die Tochter eines hohen Militärbeamten hatte selbst kein leichtes Leben, machte aber anderen das Leben leichter, gründete in Dresden einen »Verein zum Frauenschutz«, kümmerte sich um alleinstehende und alte Frauen und um Waisen. Sie gründete eine höhere Töchterschule, einen Kindergarten und eine Fortbildungseinrichtung. Einen sächsisch-königlichen Orden hat sie auch dafür gekriegt.

Adresse Jugendherberge in der Wasserburg, Schloßstraße 13, 06577 Heldrungen, Tel. 034673/91224 | **Anfahrt** A 71, Ausfahrt Heldrungen, auf der B 86 bis Kreisverkehr, dritte Ausfahrt Arternsches Tor, biegt leicht rechts ab in Hauptstraße, gleich links in Schloßstraße | **Tipp** Die Heldrunger Bürger haben (sich) ein Naturschwimmbad gebaut, mit Campingplatz.

52 Wasserfakten und -sagen

Die Hochwassermarke(n)

Wer wassernah wohnt, weiß von Hochwassern. Manche Erinnerungen sind tief eingekerbt: Hochwassermarken. War das wässrige Ereignis von Bedeutung, ließ man auch mal den Steinmetz eine ordentliche Gedenkinschrift meißeln. So gibt es in Thüringen viele Hinweise auf das Jahr 1613, als das Land fast eine Wasserfläche war, von der Saale bis zum Harz, von Werra bis Elbe, aufgefüllt von tagelangem Starkregen. Menschen und Tiere ertranken, man dachte, der Jüngste Tag sei gekommen. Darum nannte man es auch die »Thüringer Sündfluth«, eine Strafe Gottes. Jemand musste ja schuld sein.

In Oldisleben gibt es mehrere Hochwassermarken. Die bekannteste befindet sich in der Klostergasse. Die Marke sehen ist wie geistiger Katastrophen-Tourismus.

Aber auch wenn die Unstrut friedlich dahinfloss, war sie gefährlich. Wasser hat eine unheimliche Anziehungskraft, auf Kinder sowieso. Wer war schuld, wenn Kinder ertranken? Das Schulsystem, das nicht für Schwimmunterricht sorgte? Nein, früher waren die Unstrutnixen schuld, Halbweiber, böse Fischschwanzwesen. Es kam vor, dass so eine Nixe vom Gewissen geplagt wurde, dann gab sie weinenden Müttern die toten Kinder zum Begraben. Wenn sie einen guten Tag hatte, verwandelte die Unstrutnixe Müttertränen in Perlen und verschenkte diese. Überhaupt nicht leiden konnten Nixen aber, wenn sie in ihrer Unterwasserruhe gestört wurden. Als freche Knaben einmal Steine in den Fluss warfen und dabei herausfordernd herumgröllten, da schnappte sich die wütende Nixe den lautesten Brüller und zog ihn an den Haaren ins kalte, tödliche Nass. Die übrigen Knaben sollen trotz Schreckstarre erheblich gezittert und gebebt haben. Als sich das Wasser blutig rot färbte, flohen die bösen Buben. Zu Hause erzählten sie eine neue Mär.

Kein Märchen, sondern Fakt: Am Mühlenwehr komponierte im Jahre 1844 Carl Friedrich Zöllner die Melodie zum Volkslied »Das Wandern ist des Müllers Lust«.

Adresse Klostergasse, 06578 Oldisleben | Anfahrt A 71, Ausfahrt Heldrungen, B 86 durch Heldrungen, über die Unstrut, dann rechts abbiegen auf B 85, in Oldisleben leicht rechts in die Klostergasse | Tipp Das Feuerwehrmuseum Oldisleben schließt der Vereinsvorsitzende für Interessierte auf (Tel. 034673/97528 oder 0152/01716017).

53 Lob der Provinz

Die Johanniskirche

Dieses Gotteshaus sieht aus wie eine ganz normale Kirche, ist aber was für Architekturfreaks. Wer richtig Fan ist, möchte sich auch ein wenig in der Geschichte des Gebäudebauens auskennen. Mit Wissen zur Bretlebener Johanniskirche kann man vielleicht andere überraschen, die meinen, schon alles über Architekturgeschichte zu wissen. Dies hier ist nämlich ein Gebäude mit – wie sagt man heute gern – Alleinstellungsmerkmal. Es ist der einzige Sakralbau des berühmten Architekturbüros »Grisebach & Dinklage«, der weitgehend im Originalzustand erhalten ist. Andere von den beiden entworfene Kirchen, zum Beispiel in Gießen und Frankfurt am Main, haben ihren Urzustand durch Kriegseinwirkungen und Umbauten verloren.

Hans Grisebach und August Dinklage arbeiteten von 1889 bis 1901 zusammen. Nach ihren Ideen entstanden – zumeist im Stil des Historismus und der deutschen Neorenaissance – große, repräsentative Villen. Das Architekten-Duo war in, viele Promis klopften an. Der Literaturnobelpreisträger Gerhart Hauptmann ließ sich sein »Haus Wiesenstein« in Agnetendorf, heute Jagniątków, bauen. Heute ist die Villa ein Museum und gehört zum Museumsverbund aller Hauptmann-Orte. Grisebach und Dinklage entwarfen für Industrielle, Ärzte, Künstler. Die Sommervilla von Walter Gropius an der Ostsee ist heute Hotel. In Klink an der Müritz steht ein Hotel, für das Max Liebermann großformatige Bilder malte. Grisebach und Liebermann waren befreundet. Und da, wo in Berlin die Untergrund-Bahn oben fährt, ist eine der auffälligsten Stationen eine Grisebach-Dinklage-Arbeit: die Station »Schlesisches Tor« in Berlin-Kreuzberg.

Für Architekten gibt es keine Provinz. Sie werfen Gebäude in jegliche Landschaft, Hauptsache, der Entwurf wird bezahlt. Und so findet man Spuren der beiden Architekten im Harz und in Hamburg, in Liberec und Berlin. Und eben in Bretleben im thüringischen Kyffhäuserkreis.

Adresse Kirchstraße 137, 06556 Bretleben | Anfahrt A 71, Ausfahrt Heldrungen, auf B 86 Richtung Bretleben / Reinsdorf, am Kreisel zweite Ausfahrt, in Bretleben Hauptstraße, dann rechts in Kirchstraße | Tipp Das Volkshaus Bretleben hat einen dieser schönen alten Dorfsäle. Man kann sich einmieten.

54 Strom vom Strömchen

Das ehemalige Überlandwerk

War der russische Revolutionsführer Lenin jemals in Bretleben? Nein, aber wusste Lenin, bevor er seine Losung ausrief, von der Bretlebener Lösung eines Problems? Fortschritt, das ist Genossenschaft plus Elektrifizierung des Landes. Und nun muss man nur noch den ehemaligen Direktor des Schlossmuseums Bad Frankenhausen zitieren – aus dem Heimatkalender für den Kreis Eckartsberga von 1932:

»Am 14. Juni des Jahres 1906 versammelten sich in Bretleben an der Unstrut im Saale des Zucholdschen Gasthofes einige Herren … und gründeten eine Genossenschaft zum Bau und Betrieb eines Elektrizitätswerkes … So entstand die erste genossenschaftliche Ueberlandzentrale in der Provinz Sachsen … Gleich am Gründungstage traten der Genossenschaft 58 Einzelpersonen, eine Dreschgenossenschaft und die Gemeinden Esperstedt und Ringleben bei … Erwägen wir, dass damals der Gedanke einer ländlichen Stromversorgung durchaus etwas Neues und das Risiko daher ganz besonders groß war, müssen wir das damals in Bretleben ins Leben gerufene Werk schlechthin als eine Großtat bezeichnen, und das umso mehr, als die Bretlebener Genossenschaft bald vorbildlich für weitere derartige Gründungen in Mitteldeutschland wurde.«

Das E-Werk sollte auf das Grundstück, wo schon die Getreidemühle der Familie Ermisch-Liebe stand. Die ersten Buchstaben der Familie findet man noch heute als Zierrat im Metalltor, das das Gelände von Mühle und E-Werk abschließt. Mühlenbesitzer Hugo Liebe gründete die Genossenschaft mit, war stellvertretender Aufsichtsratsvorsitzender und Verwaltungsführer. Er kannte die Wasserkraft der Unstrut, die nun Strom in die ländlich geprägte Gegend brachte, Strom, der die umliegenden Dörfer, bald auch die Städte, erhellte und Maschinen antrieb. Erst ab 1928 kam der Großteil des Stromes aus einem Braunkohlekraftwerk bei Merseburg. Zurück geht es leider nicht mehr, denn die Unstrut wurde verlegt.

Adresse Spitteldamm 99, 06556 Bretleben (Besichtigung nur nach Vorabsprache mit Herrn Liebe, Tel. 034673/91215) | **Anfahrt** A 71, Ausfahrt Heldrungen, auf B 86 Richtung Bretleben / Reinsdorf, am Kreisel zweite Ausfahrt, in Bretleben Hauptstraße bis Ende, dann rechts Eiche bis Spitteldamm, rechts, bis Ende | **Tipp** »Ehrich's Hof« in Bretleben, Hauptstraße 167, ist gleichzeitig Pensionsgasthof und Heimatmuseum; unbedingt vorher anrufen unter Tel. 034673/91323.

55__Bismarcks Erben

Gutshaus von Bismarck

In der Landeshauptstadt Erfurt steht der eiserne Kanzler aus Bronze, man muss die Augen etwas zu ihm erheben, dort, am Anger 33, im ersten Stock. Der Bronze-Alte ist für Erfurt eigentlich zu alt geraten, denn der reale Otto war als junger Landadeliger 1850 Abgeordneter des Erfurter Unionsparlaments. Der spätere Gründer des Reiches und dessen erster Reichskanzler Otto von Bismarck hatte viele Blutsverwandte, einer ist der Großneffe Georg von Bismarck. Und der ist nun Eigentümer des 1722 erbauten Gutshauses Braunsroda und des umliegenden Gutes, ein landwirtschaftlicher Betrieb, der auf Ökolandbau setzt und rund 230 Hektar Ackerland sowie das Gut (als kleines Hotel mit Tagungs- und Feiermöglichkeiten) bewirtschaftet.

Haus und Hof wurden nach Einmarsch der Roten Armee am Kriegsende entschädigungslos enteignet. Junkerland in Bauernhand! Ein volkseigenes Gut entstand. Die politische Wende 1989 gab den Erben die Möglichkeit, das alte Eigentum zunächst wieder zu pachten und dann zurückzukaufen. Unter Ignorierung der Zwischenzeit verkündet die Internetseite des Gutes nun: »Seit über 350 Jahren ist das ehemalige Rittergut Braunsroda im Familienbesitz und steht heute unter Denkmalschutz.«

Die vielen Jahre sind zum übergroßen Teil Jahre der Familie von Trebra, mit der sich der Vater des jetzigen Gutsinhabers verband. 1931 hat Lewin-Friedrich von Bismarck seine Adelheid von Trebra geehelicht. Aus dieser Verbindung entspross Georg, der heutige. Inzwischen gibt es Ferienwohnungen; der Jugendstilsaal, in dem man unter der Kassettendecke gesittet feiern kann, ist renoviert. Etwas zünftiger geht es am jeweils ersten Samstag im Monat (von April bis Dezember) zu, wenn sich das neugierige Volk beim Bauernmarkt zwischen den Ständen der Selbsterzeuger und Direktvermarkter aus der Kyffhäuser- und Südharzregion drängelt. Der regionale Bauernmarkt punktet mit jahreszeitlich wechselnden Themen.

Adresse Gutshaus von Bismarck, Heidelbergstraße 1, 06577 Braunsroda, Tel. 034673/97974 oder 0172/3635343 | **Anfahrt** über die A 71, Abfahrt Heldrungen, rechts nach Braunsroda | **Öffnungszeiten** des Gutscafés: Sa, So, Feiertage 14–18 Uhr | **Tipp** Unweit des Gutes erstreckt sich das Waldgebiet des Naturschutzprojektes »Hohe Schrecke« – Kräuterwanderungen, Yoga in der Natur und Abenteuertouren für Kinder unter Anleitung möglich (Projektbüro Do 14–17 Uhr, Tel. 034673/78903).

56 Über den Fluss

Unstrutbrücke Schönfeld

So ein Fluss ist natürlich immer auch ein Hindernis, wenn man von der einen auf die andere Seite wechseln will. Wer Wechselstellen wie Furten oder Brücken beherrschte, behielt sich vor, den Wechselwilligen die Über- oder Durchfahrt zu verweigern oder damit ordentlich zu verdienen. Das Wort Zoll steht nicht nur für eine nach wie vor gebräuchliche Maßeinheit, sondern ist ein Schreckenswort für alle Grenzgänger. In Europa hat das Wort seinen Schrecken etwas verloren.

Brücken überbrücken Getrenntes. Diese hier hilft Fußgängern und Radfahrern beim Seitenwechsel. Bis Anfang der 1970er Jahre gab es hier schon einmal eine Brücke, die aber Meliorationsmaßnahmen zum Opfer fiel. Ab da gelangten einige Schönfelder nicht mehr so schön einfach auf ihre Felder am anderen Ufer. Erst der allgemeine Fahrrad-Boom gab den Schönfeldern wieder Argumente in den Mund, warum die Unstrut hier eine feste Überquerung brauche.

Die 2005 mit einem großen Fest eröffnete Rad- und Fußgängerbrücke verbindet Schönfeld mit dem Unstrut-Werra-Radwanderweg, einer Teilstrecke des Thüringer Fernradwegenetzes.

Außerdem kreuzen sich in Schönfeld der Unstrut-Radweg, der Unstrut-Werra-Radweg und der Kyffhäuser-Radweg. Zur Feier des zehnjährigen Bestehens rollten auf all diesen Wegen Radlerinnen und Radler heran, um das Jubiläum zu feiern. Ein Pedalritter nutzte sogar ein Hochrad, um über die Brücke und in die Zeitung zu kommen. Ein paar Paddler kamen auch, denn an der Unstrutbrücke gibt es eine Bootsanlegestelle, im Ort Paddlerpensionen und Ferienwohnungen.

Das Dorf Schönfeld feiert am 1. Mai nicht nur den Maifeiertag, sondern auch seine 1236 erfolgte urkundliche Ersterwähnung. Der Ort gehörte als Küchendorf der Herrschaft Vockstedt-Artern. Niedergeschrieben ist, dass das Zwölf-Häuser-Dorf jährlich 18 Groschen Heilige-Kuh-Zins zahlen musste. Heilige Kühe? In Deutschland?

Adresse Unstrutweg, 06556 Artern, Ortsteil Schönfeld | Anfahrt A 71, Ausfahrt Artern, auf B 86 durch Artern bis Schönfelder Straße, rechts Richtung Schönfeld, dort Ringlebener Straße, links in die Gartenstraße, weiter Harzstraße, in den Unstrutweg, bis Brücke | Tipp Am Dorfgemeinschaftshaus erinnert eine Gedenktafel an Friedrich Wölfert, der hier zur Schule ging und später motorisierte Luftschiffe baute.

57 Buße tun

Zentrale Bußgeldstelle Thüringen

Artern war mal »Stadt der Träume«. Elf Städte hatten sich bei Endemol-TV beworben, Artern gewann – ein Fernsehprojekt. Mehr als 15 Minuten Ruhm, eine ganze Serie über eine gebeutelte Stadt mit der Möglichkeit, Stadt der unbegrenzten Möglichkeiten zu werden. Sogar eBay stand mit Ansiedlungsplänen auf der Matte. Letztendlich war nur sehr Begrenztes möglich. Die Serie wurde nach nicht einmal einem Jahr eingestellt.

Für viele Thüringer ist Artern die Stadt der Alpträume, denn von hier bekommen sie ungeliebteste Behördenpost mit kostenlosen Schwarz-Weiß-Porträts. Artern ist der Sitz der Zentralen Bußgeldstelle Thüringens. Auch im »Grünen Herzen Deutschlands« ist es nicht die Regel, dass man sich an die Straßenverkehrs-Regeln hält, darum hat die Bußgeldstelle viel zu tun. Auf der Internetseite der Polizeibehörde liest sich das ganz unkompliziert: »Durch einen Bußgeldbescheid wird das Bußgeldverfahren mit der Zahlung einer Geldbuße und gegebenenfalls Nebenfolgen vorläufig abgeschlossen.« Die Seite gibt ausführlich Tipps, ob und wie man Einspruch erheben sollte. Man muss nur bestimmte Formalien einhalten und die vielbuchstabige Mailadresse richtig abschreiben: bussgeldabteilung.pdndh@polizei.thueringen.de!

Ist das Wort Bußgeld nicht sehr verräterisch, vor allem, wenn man sich in der Geschichte von Buße und Geld auskennt? Da landet man nämlich ganz schnell beim Ablassverkäufer Tetzel, der behauptete, dass man sich für bare Münze von seinen Sünden und Sorgen freikaufen und auf direktem Wege ins Himmelreich gelangen könne. Dieser Brauch war Anlass für die lutherische Kirchenrevolution! Warum ist noch kein »Pkw-Luther« aufgetaucht? Der Unterschied zu damals ist doch nur, dass das Geld nicht an den Papst, sondern an den Staat geht. Wenn das Geld im Kasten klingt, die Seele des Autofahrers wieder in die Benzinkutsche springt. Des Deutschen Auto ist doch sein Himmelreich.

Adresse Bußgeldstelle, Bergstraße 4, 06556 Artern | **Anfahrt** A 71, Ausfahrt Artern, auf B 86 durch Artern, links in Karl-Hühnerbein-Straße, Puschkinstraße, Rudolf-Breitscheid-Straße, dann links in die Bergstraße | **Tipp** Im zehn Autominuten entfernten Klostergut Mönchpfiffel kann man in historischem Ambiente Trink- und Essbares einkaufen.

58 Rapunzels Turm

Jüngkens Aussicht

Es kann passieren, dass man vor dem Restaurant »Am Weinberg« eine Dame mit Hund nach Jüngkens Aussicht fragt und Stirnrunzeln erntet. Erneutes Nachfragen entrunzelt die Stirn nicht. Man sagt, der Turm würde auch Rapunzelturm genannt. Sofort glättet sich die Stirn, und die Dame sagt: »Ach der, hier hoch, 200 Meter weiter.« So einfach. Man geht dann ein Stückchen auf dem Novalis-Wanderweg. Der Turm steht links im Wald. Bäume wachsen, darum musste der 1863 erbaute Ausguck-Pavillon zum Turm aufgestockt werden, damit man wieder ausgucken konnte. Am Turm steht »Jüngkens Ausficht – MDCCCLXIII«, wobei das, was wie ein »f« aussieht, wohl ein zeitgenössisches Zweit-»s« ist.

Hermann Jüngken hieß der Turm-Sponsor, ein Rittergutsbesitzer. Das Bauwerk wurde im Laufe der Zeit vielfältig genutzt, als Aussichtsturm, zur Wetterbeobachtung und im Zweiten Weltkrieg zur Luftraumkontrolle. Heute ist im Turm, auch als Arterns kleinstes Denkmal beworben, ein kleines Heimatmuseum versteckt. 55 Stufen hoch, dann ist man auf circa 13 Metern Höhe und hat einen herrlichen Blick auf die fruchtbare Ebene. Eigentlich sind es zwei: die Goldene Aue und die Diamantene Aue. Witzbolde sagten früher, das sei ein Blick, den Diabetiker meiden sollten, denn hier erstreckten sich kilometerweit die Zuckerrübenfelder. Die großen Zuckerfabriken in Artern und Oldisleben sind aber mittlerweile stillgelegt.

Und warum geht ein Novalis-Wanderweg hier vorbei? Friedrich von Hardenberg, der unter dem Künstlernamen Novalis als einer der bedeutendsten Dichter der Frühromantik gilt, war in Artern Saline-Assessor. Das salzige Wasser beschäftigte schon seinen Vater. In seiner Freizeit wanderte Novalis oft in der Kyffhäuserregion. Eine Wanderung von Artern hinauf zum Kyffhäuser schildert er in seinem Roman »Heinrich von Ofterdingen«. Dieser knapp 20 Kilometer lange Wanderweg trägt als Zeichen die blaue Blume der Romantik.

Adresse Weinberg, 06556 Artern | Anfahrt A 71, Ausfahrt Artern, auf B 86 durch Artern, links in Karl-Hühnerbein-Straße, Puschkinstraße, Rudolf-Breitscheid-Straße, links in Bergstraße, weiter Am Königstuhl, links in Einbecker Straße, Weinberg, am Hotel parken, bergauf, wenige Meter zu laufen | Öffnungszeiten So 14 – 16 Uhr sowie nach Vereinbarung (Tel. 03466/325534 oder 320525) | Tipp Im Hotel-Restaurant am Weinberg 1 kann man täglich ab 11 Uhr auf der Terrasse sitzen, Essen, Getränke und die Aussicht genießen.

59 Eine Ahnung von Goethe

Ahnhaus der Göthes

Man weiß ja mittlerweile, dass der Herr Geheimrat Goethe nicht unbedingt ein netter Zeitgenosse war. Selbst Freund Schiller musste anfangs unter Goethes Intrigantentätigkeit leiden. Auch dass Goethe dem Begräbnis von Ehefrau und »Bettschatz« Christiane Vulpius fernblieb, stößt immer wieder auf kopfschüttelnde Verwunderung. Aber der Johann Wolfgang besuchte grundsätzlich keine Beerdigungen. Lieber unsterblich sein! Selbst als seine Kinder starben, wollte er dem Unausweichlichen nicht ins Auge schauen.

Goetheforscher ließen lange unerforscht, warum die Linie der väterlichen Vorfahren im Familienkosmos der Goethes regelrecht totgeschwiegen wurde. Auf der mütterlichen Textor-Linie war alles klar. Aber Goethes Vater Johann Caspar schien vom Frankfurter Himmel ins Himmelbettchen am Main gefallen zu sein. Goethes Opa und Uropa waren im Dunkel der Familiengeschichte verschwunden. Die Goetheforscher können nur spekulieren, ob der Ekel des berühmten Enkels vor stinkenden Seidenraupen und Gasthausgerüchen sozusagen eine Opa-Phobie ausgelöst hatte.

Also: Uropa Goethe, damals noch Göthe, war Schmied und Ratsherr in Artern – die Gedenktafel hängt da, wo das Haus höchstwahrscheinlich stand. Dessen Sohn, also Opa Göthe, wohnte und arbeitete zeitweilig als Schneider in Lyon (von wo er die Seidenraupen mitbrachte) und schrieb sich Göthé. Als er sich 1687 vermählte und damit das Frankfurter Bürgerrecht erheiratete, wurde daraus Goethe. 1705 ehelichte er ein zweites Mal, und zwar die Wirtstochter Cornelia Schellhorn. Mitgift war eines der vornehmsten Frankfurter Gasthäuser. Dazu eröffnete er eine Weinhandlung. Damals konnte man in der Gastronomie noch reich werden. Dieser Reichtum ermöglichte dem Enkel Johann Wolfgang ein gutes Leben. Irgendwie scheint die Heimat der Vorfahren doch in ihm gegrummelt zu haben. Weimar rief. So schließt sich der Kreis wieder in Thüringen.

Adresse Gedenktafel Harzstraße 10, 06556 Artern | **Anfahrt** A 71, Ausfahrt Artern, auf B 86 bis Harzstraße (links) | **Tipp** Artern hat viele erholsame und interessante Stellen, zum Beispiel den Aratora-See und den Lutherstein.

60 Durchschleusen

Schleuse Artern

Der Schleusenwärter sagte: zwölf Tage bis Hamburg. Und meinte eine straffe Paddeltour. Etwas weiter stromabwärts, bei Weischütz, gleitet man auf die Brücke zu. Ein gelbes Schild gibt dem Kanuten Hoffnung, dass es nur noch 590,7 Kilometer sind, bis man die Elbphilharmonie vor der Nase hat. Schon am Stausee Straußfurt kann man das Bötchen einsetzen und loslegen. Die erste Schleuse auf dem Flussweg ist die in Artern am Gewässerkilometer 61. Man muss sich vorher über Schleusenzeiten informieren. In recht kurzem Abstand folgen die Schleusen in Ritteburg, Wendelstein, Tröbsdorf, Laucha, Zeddenbach und Freyburg.

Bevor die Unstrut schiffbar gemacht wurde, zogen Treidler die Kähne mit Salinesalz aus Artern, mit Holz und Torf, mit Sandsteinen aus Nebra. Stand der Wind günstig, zogen die Schiffer Segel auf, und die Arbeit war leichter. Die Treidler hatten so ihren Ruf. Kinder sangen Spottverse, aus sicherer Entfernung, sonst setzte es Prügel: »Lange, lange Leine, / die Schiffer, die sind Schweine. / Der Steuermann ist der Haksch.« Also ein ganz schlimmer Finger. Dann wurden rund 70 Kilometer Unstrut ausgebaut, kanalisiert, zwölf Schleusen angelegt, die Treidler verschwanden. 1888 dampfte der erste Schlepper auf der Unstrut. Aber dann kam der sogenannte Eisenbahnschock. Der Warentransport wanderte von der Wasserstraße auf die Schiene, die war praktischer und profitabler.

In den 1950er und 60er Jahren gab es große Überschwemmungen. Das Rückhaltebecken bei Straußfurt wurde gebaut und fünf Schleusen abgerissen. Nun haben die Wasserwanderer den Fluss für sich entdeckt. Sie teilen ihn mit Wasseramseln und Eisvögeln, auch der Biber schwimmt wieder. Drei gibt es leider nicht mehr: die fröhliche Dörte, die Unstrutnixe und die Reblaus. So hießen drei kleine Fahrgastschiffe, die zwischen Karsdorf und Naumburg pendelten. Ein kommunaler Streit beendete dieses Kapitel Flussromantik an der Unstrut.

Adresse An der Schleuse, 06556 Artern | **Anfahrt** A 71, Ausfahrt Artern, auf B 86 über die Unstrut, gleich rechts in die Schönfelder Straße bis zur Schleuse (Kanustation) | **Tipp** Das Soleschwimmbad Artern ist ein Freibad, gespeist von einer natürlichen Solquelle mit 3,25 Prozent Salzgehalt. Im Winter geschlossen, Eisbaden an der Schleuse.

61 Der Vater des Kabaretts

Wolzogens Grab

Das Schloss Kalbsrieth gehörte den Herren von Kalb, einem seit dem 15. Jahrhundert im Ort nachweisbaren Adelsgeschlecht. Berühmtester Schlossgast war mehrmals ein gewisser Herr von Goethe, der hier Charlotte von Kalb besuchte.

Eigentlich müsste Kalbsrieth eine Pilgerstätte sein. Aber nicht das Schloss, sondern der Friedhof müsste das Ziel sein, und zwar für alle deutschen Humorarbeiter. In Scharen müssten sie kommen und Blumen niederlegen, nicht nur am Todestag Ernst von Wolzogens, dem 30. Juli. Denn dieser Herr, dessen sterbliche Überreste hier liegen, wird auch »Brettl-Baron« genannt. Auf seinem Grabstein steht: »Der ehrt seinen Stamm, der ein heiterer, weiser, tapferer …«. Der Rest ist unleserlich. Der kluge Bursche studierte einst Literatur, Philosophie und Kunstgeschichte, trat danach eine Stelle als Vorleser des Großherzogs von Sachsen-Weimar-Eisenach an, siedelte anschließend nach Berlin über, um dort Verlagslektor und freier Schriftsteller zu werden.

Er war ein fleißiger und erfolgreicher Autor, einiges erschien in mehreren Auflagen. Er schrieb Romane, Novellen, Gedichte, Libretti für Opern, Theaterstücke und Texte für Lust-, Trauer- und Weihespiele. Manches hat unappetitliche deutschnationale und judenfeindliche Stellen. Das allermeiste von ihm Geschriebene ist auf den Grund der Buchstabenozeane abgesunken. Aber einer Großtat wegen darf man Ernst von Wolzogen nie vergessen: 1901 erfand und eröffnete er in Berlin das erste deutsche Kabarett, eine literarische Kleinkunstbühne, die er »Überbrettl« nannte. Thomas Theodor Heine hat ihn im »Simplicissimus« karikiert. Leider ging das Pilotprojekt ein Jahr später pleite.

Wolzogen starb 1934, fast ist man geneigt zu sagen: glücklicherweise. Der weitere Geistesweg wäre hitlernah gewesen. Aber diese eine Tat, dieses Urknällchen des deutschen Kabaretts, die bleibt. Humoristen und Satiriker, pilgert nach Kalbsrieth!

Adresse Friedhofsgasse, 06556 Kalbsrieth | Anfahrt A 71, Ausfahrt Artern, auf B 86 bis Kreisel, erste Ausfahrt L 1172 bis Kreisel, erste Ausfahrt Querfurter Straße bis Kalbsrieth, dort Hauptstraße, dann rechts in die Friedhofsgasse | Tipp Gut zehn Autominuten entfernt liegt Allstedt mit Burg/Schloss, wo Thomas Müntzer den Fürsten ins Gewissen predigte, heute ein ansprechend gestaltetes Museum (unter anderem mit Klapp-Jesus); Burggaststätte mit überraschender Menükarte.

62 Gefährdete Schönheit

Das Märzenbechertal

Manchmal ist man hin- und hergerissen, als Tourist, nicht so sehr vielleicht als Touristiker. Letzterer möchte zwar einerseits den Leuten Geheimtipps verkaufen, möchte sie in naturnahe Idyllen locken, grenzenlose Erholung anbieten, vielleicht gemischt mit etwas Kultururlaub, Burgen, Schlösser, Museen. Und ruhig soll es sein, am besten einsam, fern von störenden Mitmenschen. Andererseits ist der Tourismus ein Wirtschaftszweig. In manchen deutschen Bundesländern ist er sogar ein starker Wirtschafts-Ast. Steigende Tourismuszahlen adeln die Ziele als besonders beliebt. So ist das auch hier im Märzenbechertal.

Das Tal ist von Landgrafroda aus gut zu erreichen. Steht man in Landgrafroda an einem Ortseingangsschild, erfährt man, dass das Dorf Ortsteil von Querfurt ist. Man glaubt es kaum, denn Querfurt ist 16 Kilometer entfernt, dazwischen Wälder und Felder. Landgrafroda ist gefühlt noch Thüringen, da gehörte es bis 1945 auch hin. Südwestlich von Landgrafroda liegt im Ziegelrodaer Forst das angepriesene Märzenbechertal, das heißt, es liegt da nur von März bis April, dann hat es sich ausgebechert. Aber schön ist das Tal dann immer noch und viel ruhiger als in den beiden Frühlingsmonaten. Die Querfurter Touristiker klären einen auf, dass das Tal ein Kerbtal sei, dessen Hänge mit Buchen und Eichen bewachsen sind. Und zwischen den Bäumen hat sich die Frühlingsknotenblume *Leucojum vernum* massenhaft verbreitet. Sie soll hier zu Millionen blühen. Gezählt hat noch niemand, aber der Anblick ist wirklich umwerfend. Ein weißer Blütenteppich, grün durchwirkt – ein Flächennaturdenkmal.

Jedes Jahr kommen zahlreiche Besucher aus nah und fern. Einige latschen durch die Pracht wie Elefanten quer durch den Porzellanladen. Echte Naturfreunde folgen der Aufforderung der Querfurter Touristiker nicht. Für sie ist das Märzenbechertal kein Muss, sie bleiben dem auch mal ein Jahr fern.

Adresse zwischen Landgrafroda und L 1172 | Anfahrt bis Landgrafroda, dort parken und zu Fuß der Beschilderung folgen; man kann auch von Kalbsrieth auf der L 1172 Richtung Ziegelroda fahren, nach circa vier Kilometern geht es rechts in den Märzenbechertalweg | Tipp Querfurt liegt nicht umsonst an der Straße der Romanik, ein als kurz geplanter Abstecher kann sich erfreulich in die Länge ziehen.

63__Mit dem Kanu ins Bett

Das »Unstrut Gut«

Das ist natürlich ein bisschen geflunkert. Ins Bett nimmt das Kanu keiner mit. Aber hier kann man bis wenige Meter vor dem Bett im Boot sitzen, sich treiben lassen oder auf Tempo paddeln, aber dann heißt es bremsen und anlegen, um sich im »Unstrut Gut« Schönewerda zu Bett zu legen. Wenn man bestellt hat. Oft ist ausgebucht.

Schönewerda ist aus zwei Dörfern zusammengewachsen, der Ortsname zusammengesetzt. Namensteil zwei »Werder« oder »Werthe« (im Thüringischen ist aus dem Schluss-e oft ein a geworden) steht für »erhöhtes wasserfreies Land zwischen Sümpfen«, eine Insel oder Halbinsel also. Da fragt man sich allerdings, was Werder Bremen bedeutet. Egal, hier ist nicht Nord-, hier ist Mitteldeutschland. Und hier ist Werder schön. Im Mittelalter, wird erzählt, hätte man Schönewerda nur über Zugbrücken erreichen können. Die Unstrutgemeinde war klein, jedoch nicht unbedeutend. Lag sie doch an einer Handelsstraße, dem Kärrnerweg. Der Ort hatte kein Stadt-, aber Marktrecht. Wirkte der Name Schönewerda anziehend auf kriegerische Horden? Ob im Sächsischen Bruderkrieg oder beim Durchzug schwedischer Truppen 1636 oder 1806, als französische Reiter den Ort brandschatzten, immer wurde Schönewerda ganz hässlich in Mitleidenschaft gezogen. Kaum ein Stein blieb auf dem anderen. Und hatte man – wie Mitte des 18. Jahrhunderts – alles wieder aufgebaut, zerstörte ein Großbrand das mühsam Errichtete.

Direkt am Ufer steht das denkmalgeschützte Renaissance-Steinhaus von 1771, heute eine gemütliche kleine Herberge, das »Unstrut Gut«. Eine Ferienwohnung, zwei Ferienzimmer, mit Blick auf den Fluss, das nahe gelegene Kloster Donndorf, das Storchennest und den Höhenzug Hohe Schrecke. Auf dem Hauszeichen sind Sonne und Mond kunstvoll vereint. Das »Unstrut Gut« liegt nicht nur direkt an der Unstrut, sondern auch am Unstrut-Radweg. Man kann also mit dem Fahrrad bis ins Bett … na ja, fast.

Adresse Karl-Marx-Straße 36, 06556 Schönewerda, Tel. 0172/7712742 | **Anfahrt** A 71, Ausfahrt Artern, auf B 86 bis Kreisel, erste Ausfahrt L 1172 bis Kreisel, erste Ausfahrt Querfurter Straße Richtung Kalbsrieth, durch den Ort, auf L 1172 bis Kreisel, dritte Ausfahrt Richtung Schönewerda (L 1218), dort weiter Heygendorfer Straße, Karl-Marx-Straße bis zur Unstrut | **Tipp** Frische Edelpilze, asiatische Pilzhölzer (zum Selberzüchten) und anderes erhält man bei »Thüringer Freilandpilze«, Schönewerda, Ernst-Thälmann-Straße 15a.

64 Der Saftbahnhof

Kelterei im Bahnhof

Donndorf bitte nicht mit Dorndorf verwechseln, da kommen wir später noch hin (siehe Seite 188 und 190). In Donndorf thront oben das Kloster, und unten writscht die Saftpresse. Vielleicht drutscht sie auch, oder sie flotscht, jedenfalls ist es eine Freude, zu hören und zu sehen, wie goldgelber Apfelsaft oder andere Fruchtsäfte aus der Presse hervorgluckern.

Oben durften die katholischen Nonnen nach der Reformation in Ruhe aussterben. Die letzte soll Äbtissin Felicitas Hacke gewesen sein, welche am 12. Juli 1561 ein aufziehendes Gewitter als Fingerzeig von oben begriff, sich ihren alten Lehnsessel vors Tor zerrte, sich setzte und gottergeben vom Blitz erschlagen ließ.

Unten im Bahnhof ist wieder Leben in der Bude, vor allem im Herbst, obwohl fast nie mehr ein Zug fährt. Nur noch Sonderzüge, unter anderem dreimal im Jahr der »Unstrut-Schrecke-Express«, der gar nicht als Express, sondern ganz gemütlich durch die schöne Landschaft fährt. Eisenbahnfans und Wanderer nutzen den historischen Triebwagen, der von Naumburg über Erfurt und Sömmerda ins Unstruttal nach Donndorf fährt. Im Bahnhof hat eine »WunschSaftKelterei« ihr Domizil. Hier wird sortenrein oder im Mix gepresst. Der Wunsch der Kunden ist Befehl. Neben Äpfeln und Birnen werden auch Johannisbeeren, Sauerkirschen, Rhabarber, Holunder, Weintrauben und Quitten gepresst. Der Saft wird dann schonend pasteurisiert und in Fünf- oder Zehn-Liter-Boxen gefüllt. Ein patentierter Zapfhahn verhindert, dass Luft in die Box kommt, sodass man die Box in zwei bis drei Monaten trinken kann, ohne dass der Saft verdirbt. Die Säfte werden auch per Post verschickt. Wer direkt kaufen möchte, kann dies im Obsthof Rixrath in der Bahnhofstraße 19 tun.

Im Bahnhof gibt's drei Ferienwohnungen. Der Chef von allem ist erstaunlich jung. Jetzt ist er auch noch Jungunternehmer mit einer guten Idee. Möge die Idee Früchte tragen – damit er sie auspressen kann.

Adresse Bahnhofstraße 46, 06571 Donndorf, Tel. 034672/253054, www.kelterei-bahnhof.de | Anfahrt A 71, Ausfahrt Reinsdorf, auf B 86 nach Reinsdorf, rechts auf L 1215 nach Gehofen, weiter Nausitz, Donndorf, dort Reinsdorfer Straße, dann links in Bahnhofstraße | Tipp Im Garten der Klosterschenke kann man Kaffee, Kuchen und Luginsland unter der 400 Jahre alten Linde genießen.

65 Mahle, Mühle, mahle

Bockwindmühle Langenroda

Ein typisches Straßendorf, dieses lang gestreckte Langenroda. Die Kirche in der Dorfmitte musste 1894 neu gebaut werden. Der Neubau war notwendig, weil der Turm der alten Kirche sich pisaähnlich, aber unaufhaltsam, neigte. Bevor die Erdanziehungskraft siegte, baute man eben neu. Die Kirche, so wie sie heute da steht, wurde in sechseinhalb Monaten gebaut. Noch einmal: sechseinhalb Monate!! Man schicke alle Erbauer von deutschen Großobjekten zum Niederknien und zur Bauablaufforschung nach Langenroda.

Etwas außerhalb des Ortes steht die 1732 errichtete Bockwindmühle. Der Wind strich ungehindert um die Mühle, die Flügel drehten sich schneller, wenn der Müller die Mühle in den Wind drehte, und die Mühle mahlte. Eine Bockwindmühle. Die heißt so, weil die Mühle aufgebockt war, drehbar gelagert. In Europa ist es der älteste Mühlentyp, später wurden die Bockwindmühlen vor allem in Norddeutschland von Holländermühlen verdrängt. So eine kann man im eine halbe Stunde entfernten Eckartsberga anschauen, eine Mühle mit zehnspeichigem, rundem Windmühlrad. Es sieht aus, als würden Don Quichotte und Sancho Pansa direkt dahinter auf ihren Auftritt warten.

Zurück aber nach Langenroda durch die Walnussbaum-Allee hin zur dortigen Windmühle. Die gibt es nur noch, weil die Deutsche Stiftung Denkmalschutz und engagierte Mühlenfreunde halfen, die bereits stark verfallene Mühle wieder aufzubauen. Die aufwendige technische Restaurierung des Mühlwerks gelang mit Hilfe einer Spezialfirma. Und so findet sich die Mühle auch auf der über 100 Thüringer Mühlen zählenden Liste des Thüringer Landesvereins für Mühlenerhaltung und Mühlenkunde (TVM) e. V., der sich in der grünen und mühlenreichen Mitte Deutschlands engagiert. Und das nicht nur am Pfingstmontag, dem Deutschen Mühlentag. Da ist in Langenroda auch geöffnet. Ansonsten nur zu den Öffnungszeiten des Mühlen-Cafés.

Adresse Windmühle 1, 06571 Langenroda, Tel. 034672/93702 | Anfahrt A 71, Ausfahrt Reinsdorf, auf B 86 nach Reinsdorf, rechts auf L 1215 nach Gehofen, weiter Nausitz, Donndorf, hinter Donndorf rechts auf L 2279, dann links abbiegen zur Mühle | Öffnungszeiten Mühlen-Café Do–Mo 11–18 Uhr | Tipp Neben dem Aufgang zur Sankt-Georgs-Kirche ist eine Tür von 1792 zu sehen, deren Odyssee auf einer Infotafel beschrieben wird.

66_Narr und Nelke

Die Bottendorfer Grasnelke

Schwejk heißt hier »Meier-Lob«. Oder besser eine Mischung aus Schwejk und Robin Hood, denn besagter Gottlob Meier stahl Anfang des 19. Jahrhunderts bei den Reichen und gab den Armen. Als man seiner habhaft wurde, stellte er sich »troddelig«, also dumm, und kam um eine Gefängnisstrafe herum. Wie dichtete Heinz Erhardt: »Hieraus ersieht der Dümmste klar, dass der, der dümmer, klüger war.« Als Schimpfwort für Leute, die sich dumm anstellen, hat sich hier in der Gegend »Meier-Lob« erhalten. Und in der Bottendorfer Mühle kann man den Regionalschalk als Puppe kaufen.

Die »Bottendorfer Mühle« ist nicht nur eine Mühle, sondern ein Areal mit Kupferhütte, Museum, Mühle, Zeltplatz, Ferienwohnung und Möglichkeiten für Gruppenübernachtungen. Ein Verein kümmert sich um alles. Im Museum erfährt man einiges über die wechselvolle Geschichte des ehemaligen Pfalzgrafendorfes Bottendorf, das zur Pfalzgrafenzeit noch Putelenburg hieß, mit Wasserburg und dem Optimismus, dass man an Größe und Bedeutung zulegen würde. Das trat leider nicht ein, aber Bottendorf erfand sich immer wieder neu: als Bergmannsdorf und als Navigationszentrale für die Unstrutschifffahrt. Es gab hier auch mal eine kleine Werft, die sich auf den Bau von Lastkähnen, Zillen und Gondeln spezialisiert hatte. Gondeln für Venedig? Nein, nur ein anderes Wort für Arbeitsboote. Und hier produzierte die 1. Kursächsische Zuckerfabrik verschiedene Zuckersorten und später auch Kaffeeersatz.

Rund um das beschauliche Bottendorf gibt es Pflanzen mit lustigen Namen wie Küchenschelle, Feder- und Haarpfriemgras. Auf den Bottendorfer Hügeln wächst Schwermetallrasen, da wo einst Kupferschieferbergbau betrieben wurde.

Und da wächst auch eine kleine botanische Sensation, die Bottendorfer Grasnelke (*Armeria maritima var. bottendorfensis*), eine Varietät der Strand-Grasnelke. Die Bottendorfer Variante gibt es nur hier. Sie ist einzigartig, weltweit.

Adresse Bottendorfer Mühle, Kupferhütte 1, 06571 Roßleben, OT Bottendorf, Tel. 034672/81047 | Anfahrt A 71, Ausfahrt Reinsdorf, auf B 86 nach Reinsdorf, rechts auf L 1215 nach Gehofen, weiter Nausitz, Donndorf, dort Reinsdorfer Straße, links in die Bahnhofstraße, rechts abbiegen auf Bottendorfer Weg, Kupferhüttenweg bis zum Mühlengelände | Tipp Die Bottendorfer Flur war einst Treffpunkt der Sinti und Roma aus ganz Deutschland; als hier die Frau eines »Zigeunerbarons« starb, wurde sie auf dem Bottendorfer Friedhof begraben, ihr Mann später auch. Dort steht eine interessante Stele mit sexuellen Anspielungen.

67_Nicht für die Schule …

Klosterschule Roßleben

1927 war für Roßleben ein bedeutsames Jahr. In die Klosterschule wurde das erste Mal ein Mädchen eingeschult. Neben der Klosterschule gibt es einen Ruderkanal, auf dem einige spätere Meisterinnen und Meister nationaler und internationaler Wettbewerbe ihre ersten Schläge übten. Auch sonst war und ist die Schule dem Sport zugetan, heute sagt man sportaffin.

Im selben Jahr starb in Berlin der erste deutsche Olympia-Medaillengewinner: Fritz Hofmann, gebürtig aus Roßleben. Bei den ersten Spielen der Neuzeit 1896 in Athen sprintete Hofmann über 100 Meter auf Platz zwei und erhielt die Bronzemedaille. Wie das? Die Finanzen der ersten Spiele waren knapp, darum gab es nur Silber für Erste und Bronze für Zweite. Platz drei ging leer aus. Hofmann wurde Dritter im Tauklettern. Und er bekam zweimal Silber »geschenkt« – als Riegenführer der siegreichen Turner. Alle Siegerehrungen fanden am Abschlusstag der Spiele bei strömendem Regen statt. Da welkten die Olivenzweige nicht so schnell. Aber Hofmanns Ruhm ist verwelkt, seine Roßlebener Spuren sind verwischt.

Unauslöschbare Spuren haben die Herren von Witzleben in Roßleben hinterlassen. Schon 1547 plante Heinrich von Witzleben, im Roßlebener Kloster eine Knabenschule einzurichten. Mit der Schulgründung beauftragte er Georg Fabricius, einen protestantischen deutschen Dichter, Historiker, Epigrafiker und Antiquar, Schüler Melanchthons.

Seit der Schulstiftung im Jahr 1554 stand und steht ein männliches Mitglied der Familie von Witzleben der Stiftung Klosterschule Roßleben als Erbadministrator vor. So auch heute. Die Liste berühmt gewordener Schülerinnen und Schüler ist lang. Zahlreiche ehemalige Klosterschüler schlossen sich dem Widerstand gegen das NS-Regime an. Fünf Absolventen der Klosterschule und ein Mitglied der Stifterfamilie wurden wegen ihrer Beteiligung am Hitler-Attentat verhaftet und in Berlin-Plötzensee hingerichtet.

Adresse Klosterschule Roßleben, Gymnasium in freier Trägerschaft mit Internat und Musikakademie, Klosterschule 5, 06571 Roßleben, Tel. 034672/98200 | **Anfahrt** A 71, Ausfahrt Artern, auf B 86 bis Kreisel, erste Ausfahrt L 1172 bis Kreisel, erste Ausfahrt Querfurter Straße bis Kalbsrieth, dort Hauptstraße, weiter auf L 1172, dann rechts nach Roßleben, dort Ziegelrodaer Straße, Ernst-Thälmann-Straße, rechts in Promenade, Bottendorfer Straße, parken und zu Fuß in den Park | **Tipp** Der Park der Schule mit Gedenkbüsten für Direktoren, Obelisken und Unstrut-Schautafeln, viel Grün und Platz für Sport ist öffentlich zugänglich.

68 Der Hexenmacher

Open-Air-Atelier Garnbach

Dereinst wollte der Teufel eine stattliche junge Maid in die Hölle holen. Luzifer hatte aber Kraft und Lebensfreude der Frau unterschätzt, und so umarmte sie den Höllenfürsten und sprang mit ihm vom Wendelstein übers Unstruttal bis Garnbach – das sind gut und gern sechs Kilometer –, wo sie auf einem Stein ihren Fußabdruck hinterließ. Den Stein, Mägdesprung genannt, findet man heute im Buchenwald der Hohen Schrecke bei Garnbach. Nach dem Sprung feierte die Dame in fünf Augenblicken, so sagt die Sage, Verlobung und Hochzeit mit Satan. Der soll die Sache schwer bereut haben, war er doch für eine Weile dem Weibe untertan.

Solche Geschichten freuen auch den Hexenmacher, der natürlich keine richtigen Hexen machen kann, aber solche aus Holz. Er hat sich den Künstlernamen gegeben, weil seine erste Figur, die er schnitzte, eine Hexe war. Hier wird aber nicht mit Schnitzmesser, Schnitzeisen und Beitel gearbeitet, hier geht es mit der Kettensäge zur Sache. Kein Kettensägenmassaker, sondern Kunstaktionen. Solcherart Kunst verkauft sich bis nach Dubai.

Man muss nur durch Garnbach in das Leintal hineinfahren, bald stehen am Straßenrand die ersten Skulpturen, weiter hinten ist das Schnitz-Camp. Idyllisch liegt es da unter hohen Tannen. »Alter Wald mit Zukunft«, so heißt das Naturschutzgroßprojekt Hohe Schrecke. Hier wird Wald zu Kunst. Die Dächer des Freiluftateliers ähneln Fledermausflügeln. Skurrile Figuren stützen die Dachsparren. Man läuft auf einem Teppich aus Holzspänen, weich und gut riechend.

Der Hexenmacher gibt Gruppenkurse für Einsteiger und Fortgeschrittene, aber auch für Individualisten. Voraussetzung ist nur, dass man mit einer Carvingsäge umgehen kann, das ist die Kettensäge für den feineren Schnitt. Vater Hexenmacher und Söhne nehmen übrigens an Speedcarving-Wettbewerben teil, wo man in kurzer Zeit Skulpturen schnitzen muss. Auch das kann man hier lernen.

Adresse Michael Krüger, Im Leintal 25, 06571 Wiehe, OT Garnbach, Tel. 034672/69900 | Anfahrt A 71, Ausfahrt Reinsdorf, auf B 86 nach Reinsdorf, rechts auf L 1215 nach Gehofen, weiter Nausitz, Donndorf, Wiehe, dort Donndorfer Straße, Lindenplatz, dann links Garnbacher Straße, rechts Im Leintal | Öffnungszeiten Atelier immer geöffnet, Kurse nach Anmeldung | Tipp »Horn's Heuherberge«, Im Leintal 29, bietet eine Freizeitscheune, Ritteressen im Gewölbestall oder Backofenfeste mit selbst gebackenem Brot und Kuchen, Schlafen im Heulager inklusive.

69 Der Geschichte-Erzähler

Das Ranke-Denkmal

Ein großes Denkmal für einen kleinen Ort wie Wiehe. Immerhin hat die Büste Friedrich Drake gemacht, ein berühmter Bildhauer, der hat unter anderem auch die Goldelse auf der Berliner Siegessäule geschaffen und das Berliner Denkmal für Schinkel, dazu einige Potentaten in Metall gegossen wie Wilhelm I. in Köln. Und wenn man bedenkt, dass für diesen Ranke gleich zwei Kilometer entfernt in Hechendorf auch noch ein Obelisk hingestellt werden durfte, fragt man sich schon, wer das war. Zunächst einmal: von Ranke, 1865 in den preußischen Adelsstand erhoben. Geboren wurde er ohne »von« hier in Wiehe und hörte auf den Namen Franz Leopold. Straßen wurden später nach ihm benannt, sein Gesicht erschien auf Briefmarken.

Leopold von Ranke war der wohl wichtigste deutsche Historiker seiner Zeit, hat als preußischer Oberhistoriker zwölf Bücher über die Geschichte seines Staates verfasst. Er ist einer der Gründerväter der modernen Geschichtswissenschaft, er versuchte, objektiv auf historische Ereignisse zu sehen. Auch international konnte sich kaum ein Historiker seiner Zeit mit ihm messen. Allerdings schrieb er Geschichte immer nur als Geschichte der Herrscher, als Akt der Persönlichkeiten und als Geschichte der Staaten. Mit sozialen Erklärversuchen konnte man ihn jagen. In diesem Sinne lehrte er an der Universität Berlin, bis 1871 die Augen nicht mehr so wollten. Stark sehbehindert arbeitete er an Ergänzung und Korrektur seiner »Sämtlichen Schriften«. 80-jährig begann er eine Weltgeschichte zu diktieren, jedes Jahr einen dicken Band. Er starb 1886.

Es ist sicher unwissenschaftlich, macht aber viel mehr Spaß: im Internet Rankes privates Umfeld zu »beackern«. Rankes Ehefrau war zum Beispiel die Tochter des Dubliner Polizeikommissars John Crosby Graves. Klickt man weiter, landet man bei dem englischen Dichter Robert Graves, bei Agatha Christie und Ava Gardner. Alles Geschichte(n)!

Adresse Ranke-Denkmal am Rathaus; Rankemuseum Wiehe, Leopold-von-Ranke-Straße 33, 06571 Wiehe, im Keller des Rathauses, Besuch nach Vereinbarung, Tel. 034672/890 oder 82233 | Anfahrt A 71, Ausfahrt Reinsdorf, auf B 86 nach Reinsdorf, rechts auf L 1215 nach Gehofen, weiter Nausitz, Donndorf, Wiehe, dort Donndorfer Straße, Leopold-von-Ranke-Straße bis Rathaus | Tipp Im Saal des »Stadtparks Wiehe« kann man den »Wieher Opernball« und anderes erleben, zwei umtriebige Gastronomen sorgen hier und in umliegenden Orten ab und an für Kultur, Zuschauer kommen in Scharen.

70 Ein Eisenbahntraum

Die weltgrößte Modellbahn

»Kultur mit Pfiff« – das ist hier der Werbeslogan. Der sagt noch nicht viel, aber wenn man dann liest »Modellbahn-Wiehe – weltgrößte Modellbahn-Ganzjahresschau im Herzen Europas«, dann hat man schon eine Ahnung, was einen hier erwartet. Kinder und Väter rufen: Wow! Auf 12.000 Quadratmetern Loks, Waggons, und alles in Bewegung. Die Mini-Eisenbahnen fahren vorbei an originalgetreu modellierten Bahnhöfen, durch geradezu grandiose Landschaften. Weltbekannte Städte und deren Wahrzeichen sind zu entdecken.

Einmal Nordamerika von West nach Ost mit der Gartenbahn? Kein Problem. Im Nachbarraum wird die Geschichte der nordamerikanischen Indianer ausgebreitet. Und es gibt eine H0-Modellstrecke mit Gebäuden, quer durch Thüringen. Da ist Erfurt schon immer ICE-Knotenpunkt, das Modell war der Realität weit voraus. Und der Orientexpress tuckert von Würzburg nach Hamburg. Der berühmte Zug steht hier als 21 Meter langer Nachbau im Verhältnis 1:11; eine Dampflok BR41 vorn dran plus zehn Waggons, darunter die Salonwagen des deutschen Kaisers und der der Kaiserin plus kaiserliche Speisewagen. Nostalgie im Mittelgroßformat.

Mutti guckt sich derweil Edelsteine und Schmuck an, die gibt's hier auch. Man kann mit den Geschlechterklischees allerdings auch mal brechen und die Rollen tauschen. Einige zusätzliche Ausstellungen werden von Zeit zu Zeit gewechselt. Aber diese sind schon immer da: der Osterinsel-Raum und der Terrakotta-Armee-Saal. Für die Terrakotta-Chinesen wirbt man mit »Willkommen im Reich der Mitte«. Da zwinkert das eine Auge, und das Hirn denkt: Mitte Deutschlands. Ist ja hier. Dann zwinkert das andere Auge, weil man auch noch über die heftig umstrittene, aber ruhig gelebte Mitte-Mäßigkeit der Thüringer nachdenken kann. Und dazwischen fahren die Züge. Und es gibt kostenfreie Parkplätze. Und barrierefrei ist alles. Kaum Gründe, nicht herzukommen.

Adresse Am Anger 19, 06571 Wiehe, Tel. 034672/83630 | **Anfahrt** A 71, Ausfahrt Reinsdorf, auf B 86 nach Reinsdorf, rechts auf L 1215 nach Gehofen, weiter Nausitz, Donndorf, Wiehe, dort Donndorfer Straße, Leopold-von-Ranke-Straße, August-Bebel-Allee, rechts in Am Anger | **Öffnungszeiten** täglich 10–18 Uhr; vorab informieren, wann nicht geöffnet ist (selten) | **Tipp** Das Infozentrum Hohe Schrecke im Gebäude der Modellbahn ermöglicht spannende Einblicke in die Waldwildnis des größten Thüringer Naturschutzgebietes, mit Tipps für Ausflugsziele und Wanderwege.

71 Etwas im Werden

Vollmanns Haus

Der Ort heißt nach dem Flüsschen, das in Zeiten der Schneeschmelze durchaus zu einem Fluss anschwellen kann. Die Lossa entspringt im Bergland der Finne, fließt allein bis Leubingen und dann gemeinsam mit der Unstrut in einem Bett bis Griefstedt, wo es zu einer Teilung in den linken Unstrutarm und den rechten Lossaarm kommt. Diese beiden vereinen sich hinter Gorsleben wieder. Der Ort Lossa war über Jahrhunderte in der Hand eines Adelsgeschlechtes von Werthern, aus deren Reihen Reichserbkammertürhüter kamen (verantwortlich für den ordnungsgemäßen Ablauf der geheimen Kaiserwahlen im Heiligen Römischen Reich Deutscher Nation) und der Diplomat, der in Bismarcks Auftrag das Königreich Bayern in das deutsche Kaiserreich hereinverhandelte. Spätestens 1945 war die ganze Adelsherrlichkeit auch in Lossa vorbei. Aber schon vorher wurden andere Menschen für Lossa wichtig.

1922 wurde ein Hochzeitsgeschenk gebaut. Hans Vollmann ließ es nach eigenen Entwürfen für seine Zukünftige, die Ida, bauen. Die Braut hörte auf den in Deutschland nicht gerade seltenen Nachnamen Schmidt, muss aber eine seltene Schönheit gewesen sein, man hört immer noch von »heißem Feger« sprechen. Ehemann Hans wollte ein schönes, praktisches, modernes Haus, war aber eher Romantiker als Bauhäusler. Und so entstand eine kleine Villa in Stahlträgerkonstruktion, die Leitungen unter Putz, mit dem ersten Innenklo des Dorfes. Fast alles ist noch originalgetreu erhalten, Horn- und Messingknäufe und -beschläge. Wind und Wetter hatten nur die Farbe von der Holzverschalung im Obergeschoss gekratzt. Aber in der Garage fand man die alten Farbpigmente – hellblau und blutrot. Vielleicht stand das Jungsbabyblau für Hans und Rot wie Blut für Ida.

Das Haus heute? Wörk in progress, sagt der Denglischmänn in Lossa. Die neuen Eigentümer träumen von Open-Air und Klassikkonzerten und Kleinkunst in Salon und Esszimmer.

Adresse Kölledaer Straße 43, 06647 Finne, OT Lossa | Anfahrt A 71, Ausfahrt Reinsdorf, auf B 86 nach Reinsdorf, rechts auf L 1215 nach Gehofen, weiter Nausitz, Donndorf, Wiehe, dort Donndorfer Straße, Leopold-von-Ranke-Straße, rechts in die Buttstädter Straße, auf L 1217 bis Lossa | Tipp Ins nahe gelegene Ostramondra muss man schon wegen des Namens einmal im Leben hin – mit kleinem Schloss, Rittergut und Grab des Gutsherrn Dedo von Krosigk.

72_Grenzgedanken

Der Salzgraben

Auf dem Bild sieht man es nicht, aber das ist eine Grenze. Der Graben nennt sich Salzgraben, und er trennt die Bundesländer Thüringen und Sachsen-Anhalt. Oder verbindet er eher? Ist das hier eine Nahtstelle oder eine Trennlinie? Grenzt man sich voneinander ab, oder ist das hier ein unauffälliges Symbol für grenzenlose Freiheit? Fragen über Fragen.

Die Geschichte ist voller blutiger Kämpfe um die Verschiebung von Grenzen, um die Erweiterung von Machtbereichen, um die militärische Klärung von Bis-hierhin-und-nicht-weiter. Menschen starben für Grenzen und an Grenzen. Wie viel Blut- und Geldzoll hat die Menschheit über all die Jahrhunderte bezahlen müssen? Kann passieren? Und die Bilder von Menschen, die bis zu den Grenzen Europas vorgestoßen sind, um davor zu campieren, auf die Chance wartend, die Grenzzäune zu überwinden, diese Bilder sind so aktuell wie in der Geschichte wiederkehrend. »An seine Grenzen stoßen« ist nicht von ungefähr eine Redewendung, die das Scheitern beschreibt. Mit einem Schlagbaum kann man Menschen erschlagen.

Man stelle sich hier einfach mal hin, der eine Fuß in Thüringen, der andere in Sachsen-Anhalt. Kein Problem, kein Zerrissensein, kein Akt der Überwindung einer Grenze, sondern friedliche Normalität. Es hat lange gedauert, bis dieser zivilisatorische Fortschritt erreicht war. Die meisten Autos fahren hier vorbei, ohne dass die Insassen auch nur einen kurzen Blick riskieren. Gibt ja auch nichts zu sehen, leicht ansteigendes Gelände, niedrige Vegetation. Über diese Grenze wächst Gras.

Wenn Wasser im Salzgraben ist, fließt es in die Unstrut. Man kann sich diese Einmündung auf einer Landkarte im Internet groß ziehen. Rechts davon, also östlich, sieht man, wie absurd Grenzziehungen manchmal sind. Sicher, es wird Gründe für diese Kuriosität geben, glücklicherweise sind sie kein Grund mehr, sich gegenseitig die Köpfe einzuschlagen.

Adresse an der L 1214 zwischen Roßleben und Wendelstein | Anfahrt A 71, Ausfahrt Artern, auf B 86 bis Kreisel, erste Ausfahrt L 1172 bis Kreisel, erste Ausfahrt Querfurter Straße bis Kalbsrieth, dort Hauptstraße, weiter auf L 1172, dann rechts nach Roßleben, Ziegelrodaer Straße, links in Wendelsteiner Straße, Am Sportplatz stadtauswärts. Die Grenze ist wenige Meter vor dem Straßenknick vor Wendelstein. | Tipp Wandern kann man im Ziegelrodaer Forst, parken in Ziegelroda, dort steht der Glockenstuhl der Kirche Sankt Markus auf der Straße.

73_Heinrichs Ausguck

Burg Wendelstein

Die Erd- und Gesteinskundler wissen es: Der Gipsfelsen des Wendelsteins, der sich kurz vor Memleben unmittelbar an der Unstrut schroff erhebt, gehört als östlicher Ausläufer der Bottendorfer Höhe zu den Aufwölbungen des Zechsteins, der aufgrund der Nordrandstörung der Hermundurischen Scholle hier zutage tritt. Na, nun wissen wir es ganz genau. Von hier oben hat man wieder einen dieser wunderbaren Blicke in das Unstruttal. Im Südosten sieht man schon die ehemalige Kaiserpfalz Memleben.

Diesen Rundblick soll König Heinrich I. folgendermaßen kommentiert haben: »Wie wohl mir steht allhier mein Leben, wenn ich mich wend auf diesem Stein.«

Entweder war der erste deutsche König ein begnadeter Wortspieler, oder irgendwer hat ihm diesen legendären Satz in den Mund gelegt. Der Satz hat Rhythmus, als sei er ein Vers. Und in ihm verstecken sich Anspielungen auf die nahe gelegenen Orte Wiehe, Wohlmirstedt, Allerstedt und Memleben. Ebenjener Heinrich I. schlug am 15. März 933 die Ungarn in der Schlacht bei Riade – man weiß nicht, wo das war, aber es muss an der Unstrut gewesen sein, da sind sich die Historiker einig. Natürlich schlug er nicht allein, es sollen alle Völker des ostfränkischen Reiches beteiligt gewesen sein, also Bayern, Schwaben, Franken, Lothringer, Sachsen und Thüringer. Sucht man nach Gründungsmythen des Reiches der Deutschen, diese Schlacht ist einer. Der 15. März ist übrigens der Tag des heiligen Longinus, des Römers, der seine Lanze dem gekreuzigten Jesus in die Seite bohrte. Der Besitz dieser Lanze soll Heinrich I. zum Sieg verholfen haben.

So viel weltgeschichtlichen Atem spürt man nicht, wenn man in den Mauern der Wendelstein-Ruinen steht. Von Weitem sieht das imposant aus. Aber von Nahem kann man die ehemalige Pracht der dreiteiligen Anlage (Alte Burg, Nieder- und Oberburg) nur erahnen. Aber hier wohnen Leute. Die Burg ist also nicht dem Verfall preisgegeben.

Adresse 06642 Wendelstein | **Anfahrt** A 71, Ausfahrt Artern, auf B 86 bis Kreisel, erste Ausfahrt L 1172 bis Kreisel, erste Ausfahrt Querfurter Straße bis Kalbsrieth, dort Hauptstraße, weiter auf L 1172, dann rechts nach Roßleben, Ziegelrodaer Straße, links in Wendelsteiner Straße, Am Sportplatz stadtauswärts, hinter Wendelstein links zur Burg | **Tipp** Im Internet »Lanze Longinus« eingeben und staunen, was der Konsumismus alles aus einem heiligen Gegenstand macht.

74_ Verlorene Herzen

Kloster und Kaiserpfalz

Man verliebt sich. Wie heißt es dann oft: hat sein Herz verloren. Kann von Mitmensch über Mitgeschöpf bis zu einer Sache ja alles sein, was man liebt. Nun haben sich die Beerdigungssitten und -gebräuche in den vergangenen Jahrhunderten gewandelt, und darum kann man zwar zu Lebzeiten sein Herz an jemand oder etwas verlieren, aber nach dem Tod bleibt nur die Organspende. Die frühen deutschen Kaiserkönige haben Memleben geliebt, hier haben sie ihr Herz gelassen. Wörtlich! Es war damals Sitte, berühmte Verblichene aufzuteilen, sodass noch viele etwas von ihnen hatten, im doppelten Wortsinn.

Irgendwo hier soll mindestens ein Herz vergraben sein, das von Otto I., der in Memleben starb. Vielleicht wurde in diese Erde auch das Herz des ersten deutschen Königs Heinrich versenkt. Auch er verschied am Orte. 2017 haben Studenten drei Wochen lang auf dem Gelände des Klosters bei einer studentischen Lehrgrabung rund 5.000 Fundstücke gesichert: Keramikscherben, Tierknochen, Reste von Nägeln, das Fragment einer Kupfermünze. Reste von Herzen fanden sie nicht. Aber die Grabungen sollen fortgesetzt werden. Geschichtsbewusste Popmusiker denken über Schlagerhits nach: »Ich hab mein Herz in Memleben verloren« oder »Unstrut, mein Herz lässt dich grüßen«.

Über diese herzerweichende Geschichte hinaus ist das hier ein spiritueller Ort, ein beeindruckendes Museum. Themen wie das Reisekönigtum des Mittelalters oder der Tagesablauf in einem Kloster werden spannend vermittelt. Es kann aber auch sehr entspannend sein, sich im Klostergarten in die Sonne zu setzen. Manche gehen in sich und finden fast nicht wieder hinaus.

Übrigens ist der Ortsname eine Erfindung. Memleben, Bucha und Wohlmirstedt haben sich zusammengetan zu einer, nun ja, Großgemeinde. Für die Namensgebung Kaiserpfalz stand die große Geschichte der kleinen Orte Pate. Raffiniert! Von den Gebäuden der Pfalz ist nichts mehr da.

Adresse Thomas-Müntzer-Straße 48, 06642 Kaiserpfalz, OT Memleben, Tel. 034672/60274 | Anfahrt A 71, Ausfahrt Artern, auf B 86 bis Kreisel, erste Ausfahrt L 1172 bis Kreisel, erste Ausfahrt Querfurter Straße, durch Kalbsrieth, Roßleben, Wendelstein nach Memleben, dort über Lützower Straße, rechts in Freiheit, links in die Thomas-Müntzer-Straße | Öffnungszeiten täglich 10–18 Uhr | Tipp Von Donnerstag bis Sonntag ist der Erlebnis-Tierpark Memleben eine gute Adresse für familiäre Freizeitbeschäftigung.

75 Der Himmel aus der Erde

Die Himmelsscheibe

Dieses futuristische Gebäude ist einzig und allein für eine 4.000 Jahre alte runde Bronzescheibe mit Goldapplikationen errichtet worden. Und – das ist kein Geheimnis – hier wird nicht einmal das Original ausgestellt. Das liegt wohlverwahrt in Halle / Saale. Trotzdem ist die »Arche Nebra«, wie dieses frech aus der Landschaft ragende Gebäude genannt wurde, ein Besuchermagnet. Das liegt natürlich zum einen an der Himmelsscheibe. Ein Blick darauf: Das ist Kunst, das ist wie metallene Poesie. Sonne, Mond und Sterne. Aber viel wichtiger: Es ist die zweitälteste Himmelsdarstellung der Menschheit. Die Neugier der Besucher ist groß, und sie wird vielfältig gestillt. Niemand muss vor Archäologie und Astronomie Angst haben. Ein gutes Museum organisiert Ereignisse. Die »Arche Nebra« ist ein Dauer-Event.

Zum gut drei Kilometer entfernten Fundort der Scheibe am Mittelberg gibt es Führungen. Man steht dort am Himmelsauge und erfährt, dass Raubgräber die Scheibe, Bronzeschwerter, Beile und Schmuck 1999 gefunden und illegal verkauft haben. Für lächerlich wenig Geld, bald wurde allein die Scheibe auf dem Schwarzmarkt für 700.000 Euro angeboten. Die Kriminellen wurden gefasst und vor Gericht gestellt. Der Wert der Himmelsscheibe ist unschätzbar, der Versicherungswert 100 Millionen Euro.

Hier in Wangen hat man das Gefühl: Sind wir nicht alle ein bisschen Scheibe? Das Kreativpotenzial der Scheibe ist riesig, man kann sie in jeglicher Größe kaufen oder sie sich selber in Zinn oder Schokolade gießen. Dazu bekommt man spannende Geschichten aus der Bronzezeit erzählt, kann bronzezeitlichen Schmuck fertigen oder mal versuchen, nur ein kleines Stück Stoff zu weben. Zwischendurch kann man sich im Bogenschießen oder in der Spielshow »Scheibenduell« messen und Torte essen. Und das sind nur die Angebote für die Kindergeburtstage in der »Arche Nebra«.

Adresse An der Steinklöbe 16, 06642 Nebra, OT Kleinwangen, Tel. 034461/25520 | **Anfahrt** A 71, Ausfahrt Reinsdorf, auf B 86 nach Reinsdorf, rechts auf L 1215 nach Gehofen, weiter Nausitz, Donndorf, Wiehe, Memleben, Wangen, dort Ausschilderung folgen | **Öffnungszeiten** April–Okt. täglich 10–18 Uhr, Nov.–März Di–Fr 10–16 Uhr, an Wochenenden und Feiertagen 10–17 Uhr | **Tipp** Die archäologische Tourismusroute »Himmelwege« verbindet Nebra mit weiteren interessanten Orten, unter anderem dem Sonnenobservatorium Goseck und dem Grab der Dolmengöttin.

76 Heimat auf Schienen

Die Unstrutbahn

Will man mit dem Auto von Memleben zur »Arche Nebra«, muss man in Wangen über die Unstrut. Wer erstmals auf diese Unstrutbrücke zufährt, sollte den Mut nicht verlieren – es ist keine Fußgängerbrücke, Autos bis 1,9 Tonnen und mit Normalbreite kommen problemlos rüber. Gleich hinter der Brücke ein schrankenloser Bahnübergang, rechts der Bahnhof Wangen. Die allermeisten Züge fahren nur bis zum Bahnhof und kehren wieder um, zurück nach Naumburg. Hier fährt die Unstrutbahn.

In die Schlagzeilen der überregionalen Medien kommt der ICE mit den neuen und ganz neuen Schnellstrecken (siehe Seite 168). Wer mit diesen Schnellzügen fährt, sieht nichts. Entweder geht es zu schnell oder durch die Tunnel. Das mag praktisch sein, um von Ort zu Ort zu kommen, wenn diese weit auseinanderliegen, das Dazwischen jedoch ist wie gar nicht existent. Wie wichtig sind die Bahnen auf den sogenannten Nebenstrecken. Wenn Strecken geschlossen werden, dann fehlt oft ein Stück Heimat, auch wenn das die autofahrende Mehrheit meist nicht so sieht.

Die Triebwagen der Unstrutbahn bieten 56 Sitzplätze, 45 Stehplätze und fünf Stellplätze für Fahrräder oder Kinderwagen. In den warmen Jahreszeiten verkehren an den Wochenenden auch Züge mit zwei Wagen. Wenn Fahrradfahrer in Gruppen mit der Bahn mitwollen, sollten sie sich vorher informieren, ob genug Platz im Zug ist. Und an der Unstrut sind oft sehr viele Radlerinnen und Radler unterwegs. Alle Haltepunkte an der Unstrutbahn sind barrierefrei, es gibt Stellflächen für Pkw, Motor- und Muskelrad.

Historische Dampflokomotiven und Dieselzüge verkehren zu Sonderfahrten. Mehr Züge sind auf dem Gleis unterwegs, wenn an Unstrut und Saale die Weinmeile oder Stadtfeste Touristenscharen anlocken. Eisenbahnfans müssen samstags zwischen 15.30 und 17.30 Uhr ins Unstrutbahn-Museum im Rathaus Laucha, das auf Anfrage auch außerhalb der Öffnungszeiten öffnet.

Adresse Rathaus Laucha, Markt 1, 06636 Laucha, Tel. 034462/69939 | ÖPNV Fahrplan auf www.unstrutbahn.de, dort findet man auch Veranstaltungstipps | Anfahrt A 71, Ausfahrt Reinsdorf, auf B 86 nach Reinsdorf, rechts auf L 1215 nach Gehofen, weiter Nausitz, Donndorf, Wiehe, Memleben, Wangen, dort über die Unstrut | Tipp Das Restaurant (und Hotel) »Waldschlösschen« in Wangen ist denkmalgeschützt, aber innen geht es sehr modern und schmackhaft zu.

77 Nicht nur Kitschliteratur

Das Courths-Mahler-Archiv

Nun sind wir richtig in Nebra. Ein sagenhafter Ort. Hier soll ein gewisser Georg einen Drachen getötet haben, der jedes Jahr eine Jungfrau fraß, und vorher … na, lassen wir das. Und hier soll es ein altes Männlein gegeben haben, das Frauen von armen, kranken Steinbrucharbeitern die gesammelten Tannenzapfen versilberte. Die Steinbrüche an den Unstruthängen gab es wirklich, bis ins 20. Jahrhundert hinein.

Und was gibt's sonst so in Nebra? Leider lebt der zugezogene Diakon Michael Ranft nicht mehr, der sich in Nebra so um 1730 herum, aus Frust über Wohn- und Arbeitsverhältnisse bei der Kirche, der Vampirismus-Forschung hingab. Oder die hier Geborenen: Der Alternativmediziner Kurt Hickethier ist nicht mehr, der auf Schüßlersalze schwor, bei den Nazis Berufsverbot hatte und nach dem Krieg durch Enteignung seine zwei Kurhäuser verlor. Auch der Joachim-Hermann Scharf ist tot, der in Mainz den Doktor machte und 1959 als letzter im Westen Ausgebildeter an eine DDR-Universität berufen wurde. Er hätte auch nach Kanada oder Venezuela gehen können, Angebote gab es, aber er wollte nach Jena, dann nach Halle, wo er 28 Jahre Direktor der Anatomie war. Franz Weineck, Mitbegründer der Niederlausitzer Gesellschaft für Anthropologie und Altertumskunde, ist seit 1921 im Gymnasiallehrerhimmel. Von Georg von Nißmitz ganz zu schweigen, der kursächsischer Hofmeister war und mit dem späteren Kurfürsten Johann Georg I. von Sachsen zwei Jahre durch Italien reiste. Der Thomaskantor Georg Biller lebt zwar noch, ist aber wie der Geher Dieter Lindner (Olympia-Silber 1964 in Tokio) aus Nebra weggegangen. Was man für Geschichten erzählen könnte …

Ein Geist spukt noch durch Nebra, der Geist der erfolgreichsten deutschen Schriftstellerin, 1867 hier unehelich geboren, zu Lebzeiten ein Star; geschätzte Gesamtauflage: über 80 Millionen Bücher und Hefte: Hedwig Courths-Mahler.

Adresse Hedwig-Courths-Mahler-Archiv im Heimathaus, Breite Straße 28, 06642 Nebra, Tel. 034461/22970 | **Anfahrt** A 71, Ausfahrt Reinsdorf, auf B 86 nach Reinsdorf, rechts auf L 1215 nach Gehofen, weiter Nausitz, Donndorf, Wiehe, Memleben, Wangen, Nebra, dort Wangener Straße, Bahnhofstraße, Poststraße, rechts in Breite Straße | **Öffnungszeiten** Di–So 14–17 Uhr oder nach Vereinbarung | **Tipp** Das alte Schloss ist eine malerische Ruine, das neue Schloss, ein Neorenaissance-Bau, ist Hotel. Beides kann man sich ansehen.

78__Hex! Hex!

Die Vitzenburg

Auf dem Weg nach Vitzenburg fährt man durch Zingst. Ostseegefühle kommen vielleicht auf, aber dieses Zingst dürfte auch nur eine von Slawen besiedelte Heuinsel gewesen sein – darauf geht der Name Zingst zurück. Und dann rufen plötzlich die Bibi-und-Tina-Fans laut: »Hex! Hex!«, denn sie erkennen auf den ersten Blick, dass das hier das Film-Schloss des Grafen Falko von Falkenstein ist. 2013 war Vitzenburg Drehort für den ersten fröhlich bunten Bibi-Tina-Film mit viel Musik. Regisseur, wie auch bei den drei folgenden Filmen: Detlev Buck. Übrigens sind gerade in Kinderfilmen Namen nicht Schall und Rauch, nicht umsonst heißt der windige Geschäftsmann im ersten Film Herr Kakmann, denn sein Verhalten ist echt sch…

Die Autorin Elfie Donnelly hat über 40 Folgen von »Bibi & Tina« geschrieben. Als es noch Musikkassetten gab, leierten »Hex! Hex!« und »Töröö!« in Millionen Kinderzimmern in Dauerschleife. Frau Donnelly erfand auch Benjamin B. Mit so etwas verdient man viel Geld. Für ihr erstes Buch hat sie »nur« den Deutschen Jugendbuchpreis und den Hans-im-Glück-Preis bekommen. Noch kurz Society-Nachrichten: Frau Donnelly war mal Frau Lustig, also mit dem Löwenzahn-Peter verheiratet, später folgte sie einem indischen Guru, und heute lebt sie auf Ibiza.

In Vitzenburg gingen mal Jung- und andere Frauen hinein und kamen nicht wieder hinaus. Man sagte: ins Kloster gehen. Dieses Kloster wurde um 1100 herum allerdings wegen zunehmenden Sittenverfalls aufgelöst. Die Nonnen hatten wohl nicht nur dem einen und einzigen Herrn gedient. Aber das war nicht die einzige Veränderung. Die Vitzenburg wurde fast nach jedem Besitzerwechsel umgebaut, war nach dem Krieg Landwirtschaftsschule mit angeschlossenem Provinzialschulgut und dann Fachkrankenhaus für Kinder- und Jugendpsychiatrie. Später wurde die Schlossburg mal für eine D-Mark verkauft, dann zwangsversteigert. Heute ist sie privat.

Adresse Am Weinberg 5b, 06268 Querfurt | **Anfahrt** A 38, Ausfahrt Allstedt, über Allstedt auf L 219 bis Lodersleben, weiter nach Leimbach, Schmon (B 250), Grockstädt, dann rechts nach Vitzenburg | **Öffnungszeiten** gibt es keine, aber ein Schild am Tor: »Besichtigung jederzeit und evtl. sofort – 0173/5608166« | **Tipp** In der Vitzenburger Parkstraße 14 gibt es einen Hochseilgarten, Kletterei bis zehn Meter über der Erde.

79 Vorfahren von Genies

Tafel für Robert Schumanns Mutter

An der Unstrut gibt es zweimal Reinsdorf. Das eine gleich hier nebenan, ein Ortsteil von Nebra. Aus dem anderen, dem Reinsdorf zwischen Heldrungen und Artern, stammt Johann George Tromlitz, Flötist und Komponist. Ein Flötenbläser ersten Ranges, der 1754 als Solist in das Orchester eintrat, aus dem später das Gewandhausorchester Leipzig wurde. Vor allem aber hat er das Instrument weiterentwickelt. Darum steht er auch als Flötenbauer in den Annalen. Die Tromlitzflöte enthält seinen Namen und erhält der Nachwelt die Erinnerung an den Mann. Tromlitz war ein Urgroßvater der Komponistin Clara Schumann. Die hat es immerhin ins Bildgedächtnis der Deutschen geschafft, weil sie mal auf dem 100-DM-Schein prangte. Einige wissen aber auch, dass sie die Ehefrau von Robert Schumann war und selbst eine hervorragende Pianistin und Komponistin, mehrfache Mutter und diejenige, die die Familie mit ihrer Arbeit durchbrachte. Man lese selbst, hier ist zu wenig Platz.

Ein anderer Teil der Familiengeschichte hat mit dem Jahr 1767 einen Platz in der Karsdorfer Chronik. In dem Jahr wurde die Mutter von Robert Schumann in der Kirche getauft, eine Tafel an der Kirche erinnert daran.

Robert Schumann? Andere Bilder ploppen jetzt vielleicht im Film-Gedächtnis auf: der junge Herbert Grönemeyer will die hinreißende Nastassja Kinski, aber der raustimmige dicke Vater (Rolf Hoppe) versucht alles, um den ersten Kuss und Schlimmeres zu verhindern. Und in der Realität? Als Clara acht war, lernte Robert sie kennen, mit 16 erster Kuss, die volle Packung Romantik, nein, übervoll, die große Liebe, dann all das Schöne und Schlimme. Im Film »Frühlingssinfonie« ist das Schöne schön, aber hart erkämpft, die Töne in Moll. Ein Kritiker schrieb damals, der Film schneide sich zehn himmelsstürmende Jahre heraus, zwei Genies jedoch, das könne nichts werden. Aber sie haben, vor allem sie hat, alles versucht. Und alles begann hier an der Unstrut.

Adresse Breite Straße / Ecke Straße der Einheit, 06638 Karsdorf | **Anfahrt** A 38, Ausfahrt Querfurt, auf B 180 bis Steigra, hinter Steigra rechts abbiegen nach Karsdorf, dort Straße der Einheit bis Ende | **Tipp** Über die »Kupferstraße«, die auch durch Karsdorf ging, wurden bis ins 18. Jahrhundert die großen Kupfertransporte von Mansfeld über Eisleben nach Nürnberg und weiter in den Süden geleitet.

80_Verkehr damals und heute

Die Unstruttalbrücke

Es ist schon kurios, wie manchmal ein – aus Dummheit, Nachlässigkeit oder Hinterlist – vergessener Buchstabe ein Wort verändern kann. Das wichtigste am Schweißer ist das »w«, das weiß doch jedes halbwegs sprachbegabte Kind, aber Karsdorf? Ein »l« fehlt. Karlsdorf also. Welcher Karl? Der Große natürlich, der Frankenkönig, der Herrscher über große Teile des heutigen Europas.

Karsdorf ist eine fränkische Gründung. Karlestorph steht in alten Schriften. 1109 wird der Ort erstmals urkundlich erwähnt. Kein unwichtiger Ort, denn er entstand direkt am Fluss, genau da, wo Wasserhöhe und Uferbeschaffung einen Übergang von der einen auf die andere Seite ermöglichten. Eine Furt. Wichtig für die alte Straße, abwechselnd und gleichzeitig als Franken-, Wein- und Kupferstraße bezeichnet. Und hier werden nicht nur Franken die Furt genutzt haben. Etwas weiter oben, auf der Hohen Gräte, wurde schon bald eine Burg hochgezogen, Schutz für die Lebensader, die an der Furt nicht unterbrochen werden durfte.

Verkehrswege sind Lebensadern, nach wie vor. Menschen und Güter müssen von Ort zu Ort. Aber man fährt nicht nur *auf* der Unstrut, sondern auch entlang derselben und oben darüber. Vorausgesetzt, es soll schnell gehen. Unten fährt gemütlich die Unstrutbahn, oben rast der ICE über die Unstruttalbrücke. Die zweigleisige Eisenbahnüberführung der ICE-Neubaustrecke Erfurt–Leipzig/Halle ist nach der Saale-Elster-Talbrücke die zweitlängste Eisenbahnbrücke in Deutschland. 2.668 Meter Brücke, da ist eine Menge Flüssigbeton geflossen, ehe die zweieinhalb Kilometer überspannt waren. Das Bauwerk ist auch ein Experiment, denn erstmals wurde eine Konstruktionsform gewählt, die aus einer Kette von je knapp 600 Meter langen fugen- und lagerlosen Spannbeton-Teilen besteht. Da rast der ICE, und dann ist er plötzlich weg, verschwunden im Berg, mit knapp 300 Kaemha auf geradem Weg nach Nordosten.

Adresse zwischen Nebra und Karsdorf | **Anfahrt** A 38, Ausfahrt Querfurt, auf B 180 bis Steigra, hinter Steigra rechts abbiegen nach Karsdorf, dort Straße der Einheit bis Ende, links in Breite Straße, rechts Brückenstraße, Nebraer Straße | **Tipp** Auf der stillgelegten Finnebahnstrecke verlaufen heute Finne-Wanderweg und Finne-Radweg. Auf der Strecke gibt es zwei unter Denkmalschutz stehende Viadukte, die Schnecktalbrücke sowie die 12-Apostel-Brücke.

81 Ein Cosel-Schloss

Schloss Burgscheidungen

Der Reihe nach. Vati und Mutti von Anna Constantia von Brockdorff führten eine unstandesgemäße Ehe. Er hatte den Adel eingebracht, sie das Vermögen. Vielleicht war gerade diese Liaison der Grund dafür, dass Töchterchen eine ungewöhnlich umfassende Ausbildung bekam. Sie hatte allerdings auch Köpfchen, sonst wäre der Unterricht in mehreren Sprachen, in Mathe und in allen klassischen Fächern ja für die Katz gewesen. Die kluge Dame konnte im Herrensattel reiten, rauchte Pfeife und war ein rechtes Flintenweib, eine leidenschaftliche Jägerin. Allerdings hatte sie auch so ihre Zickenseiten. Um ihre höfische Ausbildung voranzutreiben (und sicher auch, um sie vorzuzeigen), schickte man sie als Hoffräulein zu einer Herzogstochter, mit der sie an den Hof in Wolfenbüttel kam. Dort ließ sie sich von einem Erbprinzen schwängern und musste wieder nach Hause.

Vater und Mutter ließen ein bisschen Gras über die Sache wachsen, aber vielleicht nicht genug, denn als die junge Dame im Juni 1703 den zwölf Jahre älteren Direktor des sächsischen Generalakzise-Kollegiums heiratete, einen Herrn von Hoym, da hatte man das Enkelkind verschwiegen, und Herr von Hoym wollte sich bald wieder scheiden lassen. Wohl aber auch, weil ihm die Gattin in allen Belangen überlegen war, womit sie nicht hinterm Berg hielt. Er nannte sie in der Scheidungsbegründung herrschsüchtig und hinterhältig. Die Ehe dauerte auf dem Papier keine sechs Jahre. Papier ist geduldig. Nicht ganz so viel Geduld hatte August der Starke, der Anna Constantia im Dezember 1704 sah und umgehend als Mätresse an seinen Hof holte. Und diese Monate von der Hoym-Hochzeit bis zur Hofholung, die verbrachte die spätere Reichsgräfin von Cosel auf Schloss Burgscheidungen. Übrigens sind ihre drei Kinder nur ein kleiner Teil der 354 gezählten außerehelichen Kinder August des Starken. Dass der noch Zeit zum Regieren hatte …

Adresse Schlossbergstraße 56, 06636 Burgscheidungen | Anfahrt A 38, Ausfahrt Querfurt, auf B 180 bis Steigra, hinter Steigra rechts nach Karsdorf, weiter bis Burgscheidungen | Öffnungszeiten Museum Di–So 11–16 Uhr; Führungen Do–So 14 Uhr und auf Anfrage | Tipp Auf der Terrasse des Café-Restaurants »Gräfin Cosel« kann man sich wie dieselbe fühlen.

82 Man weiß es nicht

Das nicht existente Schlachtfeld

Der Untergang des Thüringer Königreiches – vielen Thüringern ist gar nicht bewusst, dass hier mal ein recht großes Reich existierte mit einem Thüringer König – wurde 531 besiegelt. Bischof Gregor von Tours schrieb im 6. Jahrhundert »Zehn Bücher Geschichten«. Es ist die Geschichte der Franken zwischen Spätantike und Frühmittelalter. Und zu dieser Geschichte gehört auch die große finale Schlacht, in der die Franken die Thüringer besiegten. An der Unstrut sei es gewesen. Wo genau, ist bis heute nicht erwiesen. Es gibt Theorien.

Zunächst gibt es die Überlieferungen, wie alles ablief. Die Thüringer Truppenteile hätten sich anfangs mit einer List noch gehalten, sie gruben den fränkischen Reitern ein paar Gruben, in die diese hineinfielen. Aber dann siegte die schiere Übermacht der fränkischen Krieger, die zudem sächsische Hilfstruppen gehabt haben sollen. Aber das ist mittlerweile genauso umstritten wie der Schlachtort. Die Franken hätten die Thüringer an die Unstrut getrieben, und dort wurden so viele niedergemetzelt, dass das Flussbett mit Leichen gefüllt werden konnte, über die die Franken das andere Ufer erreichten. Der Thüringer König Herminafried flüchtete mit ein paar Getreuen. Der Königshof, dessen Lage bisher auch nicht zweifelsfrei festgestellt werden konnte, wurde von den Franken geplündert und angesteckt. Herminafried hielt östlich der Saale noch bis 534 ein Gebiet, ließ sich dann aber zu Friedensverhandlungen ins weit weg gelegene Zülpich locken, woselbst er das Schicksal seiner abgeschlachteten Kämpfer teilte.

Und wo fand nun die letzte Schlacht der Thüringer statt? Bei »Runibergun«, wie Gregor von Tours schrieb, also bei Weißensee an der Runneburg? Bei »Scithingi«, der Burg Herminafrieds, dem heutigen Burgscheidungen? Bei der Tretenburg Gebesee? Oder in den Ronnebergen westlich des Schlosses Vitzenburg? Bis heute fand man keinen Beweis.

Adresse unbekannt | Tipp Schon die Franken waren auf der Suche nach dem Thüringer Königsschatz, bisher hat ihn noch niemand gefunden …

83 Der unbekannteste Bekannte

Das Pfarrhaus

Hans am Ende. War das nicht einer der Maler von Worpswede? Nicht irgendeiner, sondern einer der drei Gründer der berühmten Künstler-WG. 1889 beschlossen die Künstler Fritz Mackensen, Hans am Ende und Otto Modersohn, sich dauerhaft in Worpswede niederzulassen. Das war die Urzelle der Künstlerkolonie Worpswede. Zur ersten Künstlergeneration dort gehörten 19 Männer und Frauen, darunter so bekannte wie Heinrich Vogeler, Otto Modersohn und Paula Modersohn-Becker. Man verbindet Worpswede vor allem mit den Malern, aber zur Kolonie gehörten auch Bildhauer, Architekten und Schriftsteller beiderlei Geschlechts.

1872 wurde der Vater von Hans am Ende Pfarrer in Kirchscheidungen. Um den Ortsnamen aufzunehmen: An der Kirchscheidunger Kirche scheiden sich die Geister, vor allem die Geister der Kirchenhistoriker und die der Architekten. Die Kirche ist um 1100 gebaut worden, und vielleicht war der Kompass des Cheferbauers kaputt. Entgegen der sonstigen Ost-West-Ausrichtung ist die Kirche hier so gebaut, dass der Turm nach Südwesten weist und der Chor nach Nordosten. Dort war also der Arbeitsplatz des Vaters, und der Sohn Hans am Ende wuchs im nebenan liegenden Pfarrhaus auf. Hans ging in die Landesschule Pforta, studierte dann Kunst in München. Und dort traf er Fritz Mackensen, der sein Freund wurde. Nach Worpswede zu ziehen, sich von der Großstadt und vom Akademiebetrieb abzuwenden, das war ein Akt des Protestes, der Emanzipation, ein Schritt in die Freiheit, ebenso aber in die soziale Unsicherheit.

Schaut man sich heute die Bilder von Hans am Ende an, schaut man in heitere Landschaften. Noch war die Welt heil. Hans am Ende wurde im Ersten Weltkrieg schwer verwundet und starb in einem Lazarett in Stettin. Er wurde in Bremen begraben, sein Grabstein jedoch wurde nach Worpswede umgesetzt, an das Grab seiner geliebten Frau.

Adresse Am Lohberg, 06636 Laucha, OT Kirchscheidungen | **Anfahrt** A 38, Ausfahrt Querfurt, auf B 180 bis Steigra, hinter Steigra rechts nach Karsdorf, weiter über Burgscheidungen nach Kirchscheidungen, Hauptstraße, links in Schmale Gasse, Am Lohberg | **Tipp** Die Landesschule Pforta liegt eine halbe Autostunde entfernt. Die altehrwürdige Anlage kann man sich ansehen und in der Vinothek Produkte vom schuleigenen Weinberg kaufen.

84 Die Erben der Knutonen

Das Rittergut

Ein kleiner Ort, rund 350 Einwohner, aber ein blühendes Gemeinwesen, das ist Kirchscheidungen. Der Ort wurde erstmals um 786 im »Breviarium Sancti Lulli« als »Scidinge« aufgeführt. Was ist denn das? Breviarium steht eigentlich für heilige Texte, Sancti klingt auch heilig. Was aber ist Lulli? Der Genitiv von Lullus. Jetzt haben wir es, denn diese schön gebundenen Pergamentblätter sind ein Besitzverzeichnis, und zwar das des Klosters Hersfeld zur Zeit des Klostergründers Lullus, Erzbischof von Mainz. Heute würde man sagen: Streubesitz. Aber das Breviarium ist dick und hat viele Zeilen. Der Erzbischof von Mainz hat also mit gierigen Äuglein auf all das geguckt. Kommt daher der Schlachtruf »Meins ist meins«? Kataster gleich Zaster. Eigentum verpflichtet – zu nichts. Viele Ortschaften in Thüringen, Sachsen-Anhalt und Hessen wurden im Breviarium, das heute im Staatsarchiv Marburg aufbewahrt wird, urkundlich ersterwähnt. Immerhin ein Nutzen für die Allgemeinheit.

Das Rittergut Kirchscheidungen hat über 800 Jahre auf den Steinbuckeln. Das war mal ein sehr großer Vierseitenhof derer von Knuth, Ritter, die, wenn sie in der Mehrzahl auftraten, Knutonen genannt wurden. Manchmal klingt die wahre Geschichte wie eine ausgedachte Geschichte zwischen Klingonen und nordischen Fantasy-Figuren.

Im ehemaligen Herrenhaus des Rittergutes wohnen heute geschichtsinteressierte Leute mit Winzerblut, das sich von Generation zu Generation fortvererbt. Weinbau hat hier eine lange Tradition. Der zugehörige Weinberg liegt in der Lage Dorndorf und nennt sich »Der Stille Winkel«. 1.500 Rebstöcke der Sorten Gutedel, Silvaner und Portugieser, die schon 60 Jahre alt sind. Der Weinberg ist so steil, das alles in Handarbeit erledigt werden muss. Ausgeschenkt wird in einer Straußwirtschaft. Man kann gemeinsam mit kleinen Hufeisennasen im Keller feiern sowie den Kerker und das kleine Heimatmuseum besichtigen.

Adresse Rittergut Kirchscheidungen, Am Lohberg 77, 06636 Kirchscheidungen, Tel. 034462/22555 | **Anfahrt** A 38, Ausfahrt Querfurt, auf B 180 bis Steigra, hinter Steigra rechts nach Karsdorf, weiter über Burgscheidungen nach Kirchscheidungen, Hauptstraße, links in Schmale Gasse, Am Lohberg | **Öffnungszeiten** telefonisch anmelden oder einfach am Haus klingeln beziehungsweise in den Hof gehen | **Tipp** Wer auf den Spuren des Philosophen Friedrich Nietzsche unterwegs ist, gelangt auch hierher, wo der junge Friedrich von Pastor Gustav Adolf Oßwald auf die Aufnahmeprüfung in der Landesschule Pforta vorbereitet wurde.

85_Urlaub im Tipi

Das Outtour-Camp

Wird hier ein Indianerfilm gedreht? Könnte man vielleicht. Auf der Mississippi-Unstrut kommen Kanus heran, voll mit federgeschmückten Dakota-Sioux. Sie legen an und schlüpfen in ein (das weiß jeder Kreuzworträtselrater: Indianerzelt mit vier Buchstaben) Tipi, um dort … nein, alles besetzt mit Kindern, die hier ihre Ferienfreizeit verbringen. Das Tipi-Dorf ist im Sommer gut gebucht. Bis zu 60 Personen finden darin einen Schlafplatz. Man kann aber auch als Familie ein Tipi für sich mieten. Teuer ist das alles nicht. Ein bisschen Indianerromantik erleben. Abends am Lagerfeuer sitzen, Stockbrot backen, gemeinsam schweigen oder singen oder den Geschichten lauschen, die erzählt werden. Das Kind muss mal wieder an die frische Luft? Hier ist kein Zwang vonnöten, hier geht das Kind freiwillig und muss dann sogar hineingerufen werden. Fast möchte man sagen: Natürlich gibt es hier auch WLAN, aber brauchen tut man es nicht.

Die Natur fängt vor der Zeltklappe der Tipis an, auch eine Flussbadestelle ist da, am Seil kann man sich ins Wasser schwingen. Und man kann sich Kanus ausleihen. Am einfachsten sind die Kanutouren, zu denen Boote und Paddler mit Autos flussaufwärts gefahren werden. Der Rückweg zum Campingplatz in Kirchscheidungen schont die Muskeln, denn die Unstrut übernimmt fast alle Transportarbeit.

Die Leute, die das Tipi-Dorf und den Campingplatz betreuen, sprechen die Kundschaft im Internet an, bieten Freiheit unterm Sternenzelt, Entspannung und Aktivität für junge Großstadt-Pärchen und Familien, für Großeltern, die die Natur lieben, für Paddler, Radfahrer, Wanderer oder Naturburschen, für Zelturlauber, Bullifahrer oder Wohnwagenfreunde. Und sie machen klar, dass ihr Angebot eines abseits von ADAC-Sternchen, Dauercampern, Schlagbaum, Jägerzaun und Gartenzwergen ist. Und vielleicht legt doch mal ein Kanu mit Winnetou an. Oder mit Gojko Mitić, wer weiß …

Adresse Outtour Aktivreisen, Zur Unstrut 55, 06636 Kirchscheidungen, Tel. 034462/601951 | **Anfahrt** A 38, Ausfahrt Querfurt, auf B 180 bis Steigra, hinter Steigra rechts nach Karsdorf, weiter über Burgscheidungen nach Kirchscheidungen, Hauptstraße, links abbiegen in Lindenstraße, weiter Zur Unstrut | **Tipp** Auf dem Weg hinunter zum Campingplatz läuft man an Wilhelms und Käthes (Nachname wird nicht verraten) Eigenheim vorbei, man lese die lustige Hausinschrift.

86 Preußische Hymne

Das Thiersch-Denkmal

Man muss aufpassen, denn man kann sich irren, weil es so viele wichtige Herren mit dem Namen Thiersch gab. Da ist der 1784 hier geborene Friedrich, auf den am Rosenmontag 1811 in München ein Mordanschlag verübt wurde und der nach der Thronbesteigung Ludwigs I. Bayerns Bildungswesen reformierte, »der Lehrer Bayerns«.

Und da sind Carl, der die Tochter Justus von Liebigs heiratete, und Heinrich, der Mitbegründer der ersten nichtschlagenden Studentenverbindung Deutschlands (die christliche »Uttenruthia«), und Ludwig, der vielen Kirchen in Europa Fresken malte. Alles Söhne von Friedrich. Und erst die Enkel: Friedrich Ritter von Thiersch, der zwar gemeinsam mit Paul Wallot den ersten Preis im Architektur-Wettbewerb um das Reichstagsgebäude in Berlin gewann, dessen Entwurf aber dann doch nicht genommen wurde. Da baute er eben den Münchner Justizpalast und andere repräsentative Gebäude und rekonstruierte im Auftrag des Kaisers den Pergamonaltar für die Berliner Museumsinsel. Und noch ein Urenkel: Paul. Der ist der Vater der Kunstschule Burg Giebichenstein in Halle.

Was soll aus so einer Familie noch anderes kommen als weitere kreative und oft staatsdienstbare Geister? Der ganz obige Friedrich hatte einen Bruder namens Bernhard, geboren am 26. April 1793 in Kirchscheidungen. Als der 1855 in Bonn starb, ließ König Friedrich Wilhelm IV. auf dem Bonner Friedhof ein Denkmal für Bernhard Thiersch errichten. Seine Heimatstadt Kirchscheidungen zog mit einem Marmorobelisken nach.

Jetzt haben wir den richtigen Thiersch. Sieht alles sehr preußisch aus, so mit Adler oben. Sehr passend, denn dieser Thiersch ist der Dichter des Liedes, das so anfängt: »Ich bin ein Preuße, kennt ihr meine Farben?«, und es geht weiter mit Treue und Liebe zum König und nicht bebendem Preußenmut. Das Denkmal hier könnte ja mal zum Denken anregen. Wer den Liedtext liest, weiß, wohin solches Denken führte.

Adresse 06636 Kirchscheidungen | Anfahrt A 38, Ausfahrt Querfurt, auf B 180 bis Steigra, hinter Steigra rechts nach Karsdorf, weiter über Burgscheidungen nach Kirchscheidungen, Hauptstraße, links in Lindenstraße, nächste Kreuzung | Tipp Am Thiersch-Geburtshaus kann man die Gedenktafel als Denkanlass nehmen.

87 Das große Bimmeln

Das Glockenmuseum

Bei jedem Glockenmuseum muss Friedrich Schiller herhalten, also sein »Lied von der Glocke« zitiert werden. Die meisten Leute können eh nur die ersten Zeilen oder kennen die Kurzform: Loch in Erde, Eisen rin, Glocke fertig, bim, bim, bim!

Das Glockenmuseum Laucha war mal eine richtige Glockengießerei. Ein Meister Ulrich gründete sie anno 1732. Bis 1911 wurden in dieser Werkstatt über 5.000 Bronzeglocken in verschiedensten Größen gegossen. Durch Schenkung des Glockengießermeisters Franz August Schilling kam die Gießerei dann an die Gemeinde Laucha, allerdings mit der Auflage, sie als Museum zu bewahren. Dieses hat man 1932 eröffnet, und es gibt einen authentischen Einblick in die Geschichte des Glockenmacher-Handwerks.

Unbedingt dazu gehört noch eine Ulrich-Sage. Manch Glockenguss gelang nämlich nicht, dafür musste ein Schuldiger gefunden werden. Einst wollte der Meister der Stadt Laucha eine Glocke gießen. Der Herr Ulrich war nicht reich, aber auch damals gab es schon Crowdfunding, also Schwarmfinanzierung oder einfach Spendensammeln genannt. Der Guss verlief erfolgreich, nur reichte die glühende Glockenspeise nicht, um die Form zu füllen. Als Meister Ulrich die Form zerschlug, war so gar nichts vom Metall zu sehen. Überhaupt nichts. Alles war durch ein Mauseloch in die Unstrut geflossen. Kleine Ursache, große Wirkung. Also alles von vorn, Spendensammeln und Glockenguss, aber auch beim zweiten Versuch reichte es nicht ganz. Ganz oben, an der Glockenkrone, fehlte ein Bogen. Trotzdem hängte man die Glocke auf, und ihr Geläut soll wundervoll gewesen sein.

Vielleicht ist der Besuch des Glockenmuseums von Laucha Grund, mal wieder in das Schiller-Gedicht zu schauen. Man wird sich wundern, denn die Glocke kann gar nicht glocken, Schiller vergaß, den Klöppel gießen zu lassen. Und das Frauen- beziehungsweise Familienbild des Klassikers kann man auch nur freundlich »klassisch« nennen.

Adresse Glockenmuseumstraße, 06636 Laucha an der Unstrut, Tel. 034462/70018 | Anfahrt A 38, Ausfahrt Querfurt, auf B 180 bis Gleina, dort rechts in die Lauchaer Straße, in Laucha links in Mühlstraße, rechts in Große Salzstraße, links in Obere Hauptstraße (B 176), Untere Hauptstraße bis Museum | Öffnungszeiten Mai–Okt. Mi–So und Feiertage 10–12 und 14–16 Uhr | Tipp 1.112 Meter Stadtmauer umgeben den historischen Stadtkern. Im Obertor ist die Heimatstube zu besichtigen.

88_Vom edlen Tranke

Der Weinlehrpfad

Laucha ist eine kleine sachsen-anhaltische (oder sagt man anhaltinische?) Stadt mit rund 3.000 Einwohnern. Einst war es ein Straßendorf an der alten Heerstraße Langensalza–Freyburg–Merseburg. Gesiedelt wurde hier aber schon in der Jungsteinzeit, einige prähistorische Fundstücke beweisen das. Und der Name des Ortes? Könnte Laucha ein Zwiebeldorf gewesen sein? Nein, hier ist slawisches Siedlungsgebiet, und im Slawischen roch Lauch nicht nach dem tränen- und abluftfördernden Gemüse, sondern nach Sumpf. Es gibt Luchow und Lochowo und das Havelländische Luch und Laucha – sumpfige Wiesenlage überall, jedenfalls früher. Auch hier war Sumpf. Die Unstrut bildet die nördliche Grenze von Laucha.

Auf dem Unstrutrad- und -wanderweg ab Laucha Richtung Weischütz muss man alle paar Meter anhalten und sich lesend bilden, der Weg ist ja auch der Weinlehrpfad Saale-Unstrut. Denn das hier ist das Land aus Wein und Stein. Kurz ist der Gesamtweg allerdings nicht. Für manche Spaziergänger sind die 13 Kilometer wohl zu lang. Aber für Wanderlustige oder Fahrradfahrer ist das zu schaffen, das Ziel ist Freyburg.

Anfangs verläuft der Lehrpfad gemächlich entlang der Unstrut, in Freyburg wird er zu einem Rundweg. Dieser verbindet weitere Sehenswürdigkeiten wie den Schlifterweinberg, das Weinmuseum auf Schloss Neuenburg und den Herzoglichen Weinberg.

Auf insgesamt 26 Schautafeln – teils mit Ausblick auf die schönsten Weinberge der Unstrut-Region – ist alles Wissenswerte rund um den Saale-Unstrut-Wein zu erfahren. Zwischen Weischütz und Zeddenbach sind fünf Tafeln für Kinder gestaltet. Weintrinker müssen frühzeitig wissen, wie wertvoll das Getränk ist und wie viel Arbeit es macht, so guten Wein herzustellen. Die gewonnene Bildung kann anschließend in einem der zahlreichen Weingüter, in Straußwirtschaften und Gaststätten mit Weinproben untersetzt werden. Kinder bekommen Traubensaft.

Adresse Wegverlauf ab Glockenmuseum Laucha: Laucha–Weischütz–Zeddenbach Mühle – Freyburg – Schloss Neuenburg – Herzoglicher Weinberg – Freyburg | **Anfahrt** A 38, Ausfahrt Querfurt, auf B 180 bis Gleina, dort rechts in die Lauchaer Straße, in Laucha links in Mühlstraße, rechts in Große Salzstraße, links in Obere Hauptstraße (B 176), Untere Hauptstraße bis Museum | **Tipp** Einen Weinwanderweg gibt es auch in Thüringen, er führt rund sechs Kilometer um Bad Sulza.

89_Wichtiger Pegel

Die Schleuse Laucha

Der Pegel, denkt man, na, das ist die Wasserhöhe, ganz einfach. Nein, viel genauer und demzufolge komplizierter: Ein Pegel ist zunächst mal nur die Pegellatte zur Messung des Wasserstandes in fließenden, sich auf und ab bewegenden und stehenden Gewässern. Im erweiterten Sinne bezeichnet »Pegel« auch die gesamte Messstelle. Die genaue Definition ist in der Pegelvorschrift der Bund/Länder-Arbeitsgemeinschaft Wasser (LAWA) festgelegt. In der Umgangssprache wird »Pegel« jedoch oft als Synonym für den Wasserstand selbst verwendet. Das ist freilich falsch, denn am Pegel wird nur der Pegelstand gemessen, aus dem sich der Wasserstand, also die Wasserhöhe, für einen repräsentativen Abschnitt des Gewässers ableiten lässt.

Das Wort Pegel stammt aus dem Niederdeutschen und steht da für Eichstrich. Alles klar, nun weiß man, wieso Trinkfreudige manchmal ermahnt werden, sie hätten ihren Pegel beziehungsweise den Pegelstand erreicht. Meist liegen die unterm Tisch, die über ihrem persönlichen Pegel, also dem Eichstrich, sind.

Schon die alten Ägypter haben Wasser gemessen. Sie wollten genauer wissen, wie und wann und wie viel der Nil über die Ufer tritt, um den fruchtbaren Schlamm auf den Feldern zu verteilen. Die Pegel heißen dort und demzufolge Nilometer. An manchen Schleusen in Deutschland gibt es Uhren, die die falsche Zeit anzeigen. Aber diese Pegeluhren zeigen nicht die Uhrzeit, sondern den Pegelstand an. Bei zwei Zeigern zeigt der kleine die Meter und der große die Zentimeter. So etwas muss man als Landratte wissen, damit man sich nicht blamiert. An der Unstrut ist das allerdings unnützes Wissen. Hinter der Schleuse Laucha – genau 12,8 Kilometer vor der Mündung in die Saale – wird gemessen. Zeigt der Pegel Wasser über 3,40 Meter, darf kein Kanu mehr auf die Unstrut. Um den aktuellen Stand zu erfahren, wähle man den automatischen Pegelstandsmelder. Telefon 034462/21605.

Adresse Schleuse Laucha, Hallesche Straße, 06636 Laucha an der Unstrut, Tel. 034462/22902 | **Anfahrt** A 38, Ausfahrt Querfurt, auf B 180 bis Gleina, dort rechts in die Lauchaer Straße, weiter bis Laucha Ortseingang | **Tipp** Bevor man in der »Schifferklause« neben der Schleuse ein ruhiges Bierchen mit Unstrutblick hebt oder ein hiesiges Weinchen, wenigstens einen Blick auf das 1543 erbaute Rathaus mit der doppelläufigen, überdachten Freitreppe werfen. Pittoresk!

90 Hoch hinaus

Der Sonderlandeplatz Laucha

Schon von Weitem sind die Gebäude zu sehen. Malerisch liegen sie auf dem Plateauhügel. In den 1920er Jahren versuchten vereinzelte Flugbegeisterte die guten Bedingungen zu nutzen. Das Lob für das Gelände klingt überschwänglich, weil hier der Wind frei durch die weite Ebene anströmen kann. Je steiler der Hang, umso besser der Aufwind für den Hangsegelflug. Die ersten Gebäude auf dem Hügel wurden von Bürgern und Fliegern gemeinsam gebaut. 1932 konnte der erste öffentliche Flugtag stattfinden. Die Nazis bedankten sich für die Vorarbeiten und richteten eine Reichssegelschule ein, wo Piloten für die Luftwaffe ausgebildet wurden. Am Kriegsende sprengten Schüler und Lehrer in einem sinnlosen Akt ihre Hallen und über 100 Segelflugzeuge. Als ob »der Feind« mit Segelflugzeugen nach Berlin fliegen würde. Das Schulgebäude war so neu, dass die Zerstörer zurückschreckten. So konnte das Gebäude ein paar Jahre als Krankenhaus dienen.

Fünf Jahre nach dem Krieg zogen wieder Segelfluglehrer und -schüler ein. Neue Hallen entstanden. Die warmen Aufwinde am Hang nutzte man, um mehrere Dauerflugrekorde aufzustellen. Mitte der 1970er Jahre aber wurde die Segelfliegerei der DDR zentralisiert, nur noch Modellflugzeuge kratzten hier den Himmel. Heute ist wieder Vollbetrieb. Mischflugbetrieb nennt man das, weil Segel-, Drachen-, Gleitschirm- und Modellflieger sich den Luftraum teilen. Außer jedes Jahr am vorletzten Septemberwochenende. Da ist Drachenfest. Da ist der Himmel voll und bunt. Da meldet sich das Kind in manchem Manne sehr laut, und man hält für den gelangweilt danebenstehenden Nachwuchs den Fesseldrachen an bis zu 500 Meter langen Leinen. Und weil noch kein Schnee liegt, fahren nicht Snowboarder, sondern leicht verrückte Mountainboarder luftbereift durchs abfallende Gelände. Darüber fliegen noch ein paar Trike-Kiteboarder. Echt was los hier, fast das ganze Jahr.

Adresse Luftsportverein Laucha-Dorndorf e. V., Am Flugplatz 5, 06636 Dorndorf, Tel. Vereinsheim – nicht immer besetzt – 034462/20477 | **Anfahrt** A 38, Ausfahrt Querfurt, auf B 180 bis Gleina, dort Lauchaer Straße (L 209) bis Am Flugplatz (rechts) | **Tipp** Wer sich das alles mal von weit oben ansehen möchte: Die Ausbildung zum Segelflieger ist hier möglich, ist im Grunde wie Fahrschule, aber obwohl in der Luft viel mehr Platz ist und keine Verkehrszeichen herumstehen, dauert die Ausbildung länger, und man muss mehrere Prüfungen bestehen.

91_Reich bebildert

Dorfkirche Dorndorf

Von außen sieht die alte Dorfkirche Dorndorf aus wie viele Kirchen, irgendwie normal. Wer Genaueres über Architektur und Bauzeit erfahren will, erfährt, das sei im Kern eine mittelalterliche Chorturmkirche aus dem 12. Jahrhundert, die im 17. Jahrhundert ein neues Kirchenschiff bekam und im 18. Jahrhundert die doppelte Hufeisenempore. Wie der Name schon sagt, ist sie rundlich geschwungen. Auch die hölzerne Muldendecke ist damals in die Kirche eingebaut worden. Der Turm hat eine barocke Haube mit Laternenaufsatz, was allerdings nicht bedeutet, dass ein Leuchtturm in die Gegend leuchtet, es sieht nur aus wie eine Laterne. Und innen ist alles reich bebildert: Comics für Christen, vor allem sicher für die Analphabeten.

Man grinse nicht, sondern bewundere, was die frühen Christen für tolle Geschichtenerzähler waren. Was heute gemeinhin »biblische Szenen« genannt wird, sind ja nicht einfach Texte aus der Bibel, sondern menschliche Urgeschichten. Ein Kind wird in einem Weidenkorb auf dem Nil ausgesetzt und von einer Königstochter gefunden. Ein Mann ist so sehr vom Glauben durchdrungen, dass er seinen Sohn Gott opfern will. Ein Mann wird gesteinigt, ein Toter wieder ins Leben geholt, und einer beginnt plötzlich ganz hell zu leuchten. Märchen, Legenden, unglaubliche Ereignisse. »Nein, genau so«, sagten die Kirchenbesucher, »so ist das«, wenn sie auf das Sintflutbild schauten. »Richtig«, sagten sie, wenn Jesus die Händler aus dem Tempel jagte. Judas, dachten sie grimmig, wenn sie das Bild vom letzten Abendmahl sahen. Und wer träumt nicht ab und an, dass man auf einer Himmelsleiter emporsteigen und auf diesem Wege allen irdischen Problemen entfliehen könnte: Not, Tod und zänkischen Ehefrauen.

Unter den Szenen kann man deutsche Verse entziffern. Zum Beispiel: »Wer durstig ist der find sich ein. Hier wird vor ihn Erquickung seyn.« Herr Duden war ja noch nicht geboren.

Adresse Dorfstraße, 06636 Dorndorf | Anfahrt A 38, Ausfahrt Querfurt, auf B 180 bis Gleina, dort Lauchaer Straße (L 209) bis Dorndorf, dort Gleinaer Straße, dann rechts in Dorfstraße | Tipp Passionsspiele gibt es nicht nur in Oberammergau; in der Stadtkirche Sankt Marien in Laucha wird jedes Jahr Karfreitag ein neues aufgeführt.

92 Ehrvieltugendsame Leute

Herrenhaus Weischütz

Es ist immer wieder erstaunlich, was Archäologen aus den kleinsten Funden herauslesen können, zum Beispiel, dass hier schon Menschen siedelten, als die Altsteinzeit zu Ende ging und die Mittelsteinzeit begann. Ein Steinartefakt beweist das, eine Pfeilspitze aus Feuerstein. Und dann fand man noch Schnurkeramik. Erst 1268 taucht Wischicz erstmals auf einer Urkunde auf. Slawische Siedler bauten den Ort aus, daher der Name: Ausbau – vyséč.

Ein Sackgassendorf, beschaulich, eine romanische Kirche, zwei Straußwirtschaften, das Rittergut. Genauer gesagt: das Herrenhaus des ehemaligen Rittergutes, oftmals umgebaut, den jeweils herrschenden architektonischen Moden angepasst, etwas Gotik, Renaissance und Historismus. Treppenhausvorbau, Schießscharten (?) aus dem 15. Jahrhundert, ein Krüppelwalmdach. Heute ein Wohnhaus, privat. Hinter dem Haus ein großer Landschaftspark. Man hofft, dass nicht nur an Tagen des offenen Denkmals geöffnet ist, noch sind es Hoffnungen. Das Gelände des ehemaligen Rittergutes ist zugänglich. Dem Gutshaus gegenüber Scheune, Stallung, eine große Hofeinfahrt, links und rechts auf den Torsäulen ein stattlicher Kaiser oder König und auf der anderen Seite ein grinsender Bischof mit riesiger Weintraube im Arm. Könnte er reden, würde er lallen.

Die Geschichte der Gutsbesitzer ist gut dokumentiert, Lehnbriefe der Thüringer Landgrafen reichen zurück bis ins 14. Jahrhundert. An der Fassade sieht man vier Wappenmedaillons der Vorbesitzerfamilien und seitlich am Haus die Allianzwappen der Familien von Thüna und von Wiehe. Auf Letztere weisen auch die großen Grabplatten neben dem Haus für den – wie die Umschrift verrät – »Edlen Gestrengen und Ehrvieltugendsamen Hans von Thüna uff Weischütz« und dessen »Hausfraw Maria«.

Wer den von Weischütz nach Müncheroda führenden schlecht befestigten Weg nutzt, fährt durch ein verwunschenes Tal voller Baumruinen.

Adresse ehemaliges Herrenhaus, Dorfstraße, 06632 Weischütz | Anfahrt A 9, Ausfahrt Weißenfels/Naumburg, auf B 91 bis Burgwerben, dort auf die B 176, am Kreisel zweite Ausfahrt Richtung Freyburg, links in die Merseburger Straße, Oberstraße, rechts in Sektkellereistraße, links Eckstädter Straße, rechts in die Schweigenbergstraße, über Zscheiplitz nach Weischütz, dort Weinstraße, links in die Dorfstraße, an der Gabelung links bis zum Rittergut | Tipp Der Höhepunkt im Vereinsleben von Weischütz ist die Unstrutparty mit Badewannenrennen immer am ersten Wochenende im Juli (Unstrutfreunde Weischütz e. V.).

93 Bacchus würde schwelgen

Das Weingut Pawis

Die ersten Quizfragen, die Günther Jauch stellt, sind meist wortverspielte Blödelfragen. Aber selbst da ist oft sichtbar, dass die Medien westlich geprägt sind. Neulich: Was findet man an Mosel und Ahr? Heulhügel, Flenngipfel, Jammerhöhen oder Weinberge? Letztere findet man natürlich auch an Saale und Unstrut. Und das ist ein Grund zu großer Freude.

Weinbau hat hier am Unterlauf der Unstrut eine lange Tradition, mit Höhen und Tiefen und der verheerenden Katastrophe Ende des 19. Jahrhunderts. Reblausbefall zerstörte in ganz Europa die Weinstöcke. Woher kam dieses miese kleine Vieh so plötzlich und in so großer Zahl? Der Fortschritt war schuld. Dampfschiffe fuhren schneller als Segelschiffe über den Atlantik. Amerikanische Pflanzen – besonders häufig importiert: die amerikanische Weinrebe *Vitis aestivalis*, mit der die Reblaus eingeschleppt wurde – vertrockneten unterwegs nicht. Zur Reblausplage kam noch der Mehltau. An der Unstrut waren nach der Katastrophe von 1.000 Hektar Rebfläche gerade mal noch 31 übrig. Aktuell bewegt sich die Gesamtanbaufläche Saale-Unstrut wieder Richtung 700 Hektar.

Wer heute das Weingut Pawis besucht, meint vielleicht, hier blicke man auf jahrhundertealte Familientradition zurück. Dabei beginnt die Geschichte erst im November 1990, als das Hobbywinzerpaar Pawis in den Freyburger Ehraubergen das wahrscheinlich kleinste Weingut der Welt mit Straußwirtschaft gründete. Anbaufläche 0,5 Hektar. Sohn Bernhard übernahm, vergrößerte und professionalisierte das Unternehmen, ließ eine moderne Kellerei errichten mit dem Ziel, Spitzenweine herzustellen. 2001 wurde das Gut in den Verband der Deutschen Prädikatsweingüter aufgenommen. Die Weine von Pawis wurden überregional immer bekannter. Und dann die Vision: aus dem alten Pferdestall des Gutshofes Zscheiplitz einen einmaligen Weintempel zaubern. Hinter allem erfolgreichen Abrakadabra steckt harte Arbeit.

Adresse Auf dem Gut 2, 06632 Zscheiplitz, Tel. 034464/28315 | Anfahrt A 9, Ausfahrt Weißenfels / Naumburg, auf B 91 bis Burgwerben, dort auf die B 176, am Kreisel zweite Ausfahrt Richtung Freyburg, links in die Merseburger Straße, Oberstraße, rechts in Sektkellereistraße, links Eckstädter Straße, rechts in die Schweigenbergstraße, An der Freyburger Straße, An der Weinstraße, bis Kreuzung, links zum Weingut | Öffnungszeiten Gutsverkauf täglich 10 – 12 Uhr sowie Mo – Fr 13 – 18 Uhr und Sa 14 – 18 Uhr, Straußwirtschaft im Mai, Aug., Sept. und Okt. Mi, Fr, Sa, So 14 – 19 Uhr | Tipp Der Aussichtsturm mit Infotafeln sowie die Klosterkirche Sankt Bonifatius sind von Mai bis Oktober täglich von 10 bis 18 Uhr geöffnet. Die »Klosterbrüder e. V.« ermöglichen Führungen, auch außerhalb der Öffnungszeiten.

94 Mühle mit Mahl

Die Mühle Zeddenbach

Unter sich die Unstrut, vor sich ein Kaltgetränk und eine Warmspeise, über sich blauer Himmel mit Schäfchenwolken. Da kann man Stress und Hektik hinter sich lassen. Wo sind wir genau? Wir sitzen auf der Restaurantbrücke der Mühle Zeddenbach.

Der Boden rundherum ist blutgetränkt. Die bei Leipzig beim großen Völkerschlachten unterlegene napoleonische Armee versuchte hier vom 19. bis zum 21. Oktober 1813 halbwegs geordnet über die Unstrut zu kommen. Auf den Schweigenbergen und der Höhe Zscheiplitz hatte Napoleon Kanonen aufstellen lassen, um den Rückzug seiner Truppen gegen die preußischen und russischen zu schützen. 100.000 französische Soldaten versuchten, über provisorische Brücken zu entkommen. Die verbündeten Napoleongegner rückten nach. Eine blutige Schlacht, aber nur ein marginales Nebenkapitel des großen Völkergemetzels.

Friedlich klappert die Mühle am rauschenden Bach. Seit zwölf Jahrhunderten wird an dieser Stelle gemahlen. Es ist eine der letzten Wassermühlen, die noch in Betrieb sind. Alles ist alt, aber kein Museum. Hier wird Mehl gemahlen und ausgeliefert.

Im Inneren der Mühle arbeiten langsam wie Gottes Mühlen kleine Stahlwalzen in roten Mühlkästen. Baujahr 1932. Das Mahlergebnis ist göttlich, denn diese Art der Verarbeitung erzeugt wenig Reibungshitze, das Korn wird kalt gemahlen. Was wie rückständige Langsamkeit klingt, ist Qualitätsarbeit, sorgfältiges Mahlen in 16 Durchgängen. Die natürlichen Eiweiße im Korn bleiben erhalten. Im Mühlenladen kann man sich damit eindecken.

An der Mühle führt die »Deutsche Weinstraße« vorbei sowie der Saale-Unstrut-Radwanderweg und die »Straße der Romanik«. Auf der Unstrut kommen die Paddler und mit der Burgenlandbahn die, die den hiesigen Wein genießen wollen. Die Zeddenbacher Mühle ist eine Stätte der Rast. Im Restaurant »Feiße« oder eben auf dessen Brücke treffen sich die unterschiedlichsten Touristen.

Adresse Mühle Zeddenbach 1, 06632 Freyburg, Tel. Laden 034464/27380, Restaurant 034464/66400 | **Anfahrt** A 9, Ausfahrt Weißenfels/Naumburg, auf B 91 bis Burgwerben, dort auf die B 176, am Kreisel zweite Ausfahrt Richtung Freyburg, links in die Merseburger Straße, Oberstraße, rechts in Sektkellereistraße, links Eckstädter Straße, rechts in die Schweigenbergstraße bis zur Mühle | **Öffnungszeiten** Mühlenladen Di–Fr 9–12 und 13–17 Uhr, Sa 9–15 Uhr; Restaurant »Feiße« Mi–Fr 12–20 Uhr, Sa und So 11–21 Uhr | **Tipp** Ein Denkmal für Ernst von Bodelschwingh, der das Schlachten verletzt überlebte, steht an der Bundesstraße 180, auf dem nordöstlichen Unstruthochufer, circa drei Kilometer nordwestlich von Freyburg.

95 Koniks und Ragwurz

Die Toten Täler

Unweit des Ortes Balgstädt liegt das Naturschutzgebiet »Tote Täler«, aber die Täler sind nicht tot, im Gegenteil, sie sind voll mit Lebendigem. Hier wachsen der Frauenschuh, das Große Zweiblatt, das Bleiche Knabenkraut und das in Purpur, auch Bienen-, Spinnen- und Fliegen-Ragwurz. Einheimische Orchideen. Es klingt immer so bürokratisch-beamtisch, aber vielleicht hilft es Flora und Fauna, wenn klar ist: Dieses über 800 Hektar große Gebiet ist das mit der Nummer NSG 0128, und es liegt im Burgenlandkreis als Teil des Landschaftsschutzgebietes »Unstrut-Triasland«. Was soll hier geschützt werden? Ganz Unscheinbares, nämlich Trocken- und Halbtrockenrasen. Botaniker und Umweltschützer stufen diese Rasenarten, die auf kalkhaltigen Böden wachsen, als wertvoll ein. Dazu kommen die Orchideen und offene Waldlandschaften.

Bei Balgstädt wurde 2010/11 eine größere Fläche eingezäunt. An einigen Stellen sind Pfosten gesetzt, zwischen denen man (zu dick darf man nicht sein) in die Umzäunung hinein- und wieder hinausgelangt. Warum der Aufwand? Eine Herde Koniks weidet hier. Konik ist Polnisch für Pferdchen. Die kleinen Pferde sind eine Ponyrasse, sehr robust. Sie leben an einigen Stellen in Europa wild, aber es sind keine Wildpferde, wie immer behauptet wird. Die Genetiker haben es genau untersucht und festgestellt: Nein, das sind Kreuzungen aus Wild- und Hauspferd, aber vor allem ist Hauspferd drin im Pony.

Koniks sind schwarzfalbene Pferde mit dunklem Aalstrich (was der Längsstrich auf dem Rücken ist) und dunklen Beinen. Außer Schopf, Mähne und Schweif haben sie noch weiteres Langhaar an den Fesseln, den Kötenbehang. Die Tiere sind nicht scheu und sehr menschenfreundlich. Besuche sind also kein Problem, aber bitte Abstand halten und nicht füttern – im Tierinteresse! Von der Aussichtsplattform bei Großwilsdorf hat man einen guten Überblick über den Großteil der Weidefläche.

Anfahrt Es gibt verschiedene Wege ins und im Naturschutzgebiet, noch gibt es keine vollständige Beschilderung; vorher im Netz ansehen. | **Tipp** Das »Cafè Moness«, eine private Kaffeerösterei und Konditorei in der Lauchaer Straße 33, hat 364 Tage im Jahr von 10 bis 21 Uhr geöffnet.Tipp 2: Das Schloss Balgstädt ist heute teilweise Jugendherberge, Besucher willkommen.

96 Hier war der Ringelnatz?

Ehemalige Obst- und Gartenbaulehranstalt

Zugegeben, das ist schwer vorstellbar. Ringelnatz, die ungewöhnlichste Erscheinung des 20er-Jahre-Kabaretts, der Erfinder des Seemanns Kuttel Daddeldu? Der Mann, der meinte, er sei etwas schief ins Leben gebaut, und sich mit einer alten Kommode verglich, die manchmal mit Fußtritten geschlossen und oft mit Tinte und Rotwein begossen wurde? Vielleicht war er ja zum Weintrinken hier, denn Live-Auftritte des kreativen Bürgerschrecks sind nicht nachweisbar.

Nein, sein Aufenthalt in Freyburg war kurz und letztlich ein Irrtum. Das kam so: 1919, Krieg und Novemberrevolution waren vorbei, der Kaiser hatte abgedankt, die Verwirrung war groß. Die aus dem Krieg Zurückgekehrten fanden nur schwer in die neuen Verhältnisse, Lebenswelten, die es vorher so nicht gab, vor allem nicht so voller Unsicherheiten. Schriftstellern ging es zunächst besonders schlecht. Anderes schien wichtiger zu sein zum Überleben. 1919 war Ringelnatz obdachlos, er hatte durch Vermittlung einer Bekannten nothilfsweise nur einen Schlafplatz in der Berliner Königgrätzer Straße bekommen. Die Bekannte, genannt Tante Seelchen, meinte, Ringelnatz etwas Gutes zu tun, wenn sie ihm einen Ausbildungsplatz besorgte. Und so kam der Autor zu einem Lehrgang an der Freyburger Schule, die 1912 als Preußische Obst- und Gartenbaulehranstalt eröffnet worden war. Es gibt Mitschriften, aber sie zeigen, dass der Schüler die Sache nicht ganz ernst nahm: »Zwei, höchstens 3 Etagen eines Baumes darf man zurechtschneiden, dann muß man ihn weiterwachsen lassen«, und er argumentierte (mit Zeichnung), dass man auf Holzbalken Querholme zimmern müsse, denn »Schutz gegen Krähen ist Sitzgelegenheit für Krähen«.

Ringelnatz hielt es nicht in Freyburg, die neuen Kabaretts in München und Berlin lockten. In einem, dem Berliner »Schall und Rauch«, wurde Hans von Wolzogen, Sohn des Kabarett-Barons (siehe Seite 130), der wichtigste Förderer von Ringelnatz.

Adresse die ehemalige Schule ist heute Institut für Agrar- und Umweltanalytik, Querfurter Straße 9, 06632 Freyburg | Anfahrt A 9, Ausfahrt Weißenfels/Naumburg, auf B 91 bis Burgwerben, dort auf die B 176, am Kreisel zweite Ausfahrt Richtung Freyburg, links in Querfurter Straße | Tipp Im Weingut Mühlstraße 32 hätte der auch zu groben Späßen aufgelegte Ringelnatz bestimmt gern gebechert, aber der Name »Grober Feetz« fasst die Nachnamen von Kellermeisterin & Weinbergsvater zusammen.

97_Rotkäppchens Fass

Die Sektkellerei

Wie sagt man, wenn Männer vergleichen? Früher war es der Fass-Vergleich. Wer hat das größte? Das größte Fass der Welt steht in Bad Dürckheim, da steckt eine Gaststätte drin. Das zweitgrößte bestaunen die Besucher der Schlossreste in Heidelberg. Das Fass findet sogar Erwähnung bei Heine und Wilhelm Busch, bei Twain, Melville und auch bei Jules Verne. Dieses Fass war zwar groß, ansonsten ähnelte es aber mehr einer schlechten Babywindel – nie dicht.

Das Freyburger ist das größte Cuvée-Fass. Von 1896 bis 1935 mischte man darin kunstvoll Weine zu aromatischen Cuvées. Böttcher aus Weißenfels und Küfer aus Freyburg brauchten vier Jahre, um das Fass zu bauen. 25 Eichen wurden dafür in den Freyburger Wäldern geschlagen. Heute steht natürlich alles unter Denkmalschutz. Kommt man in den Fasskeller, ertönt Musik: Smetanas »Moldau«. Also so groß ist das Fassungsvermögen nie gewesen, aber der Blick auf die mit reichen Schnitzereien geschmückte Fassfront und die Musik erzeugen einen erhebenden Moment. Seitdem kein Wein mehr in das Fass plätschert, trocknet es aus, neue Dauben müssen eingezogen und die Reifen nachgespannt werden.

Das Fass und die Sektkellerei sind Touristenmagneten. Sekttrinker sind keine Sekte. Große Gemeinden brauchen große Mengen des prickelnden Stöffchens. Man kann gucken, wie es entsteht. Mehr noch, man darf mal die Nase in fremde Angelegenheiten stecken und verschiedene Aromen erschnüffeln. Oder lernen, wie man mit dem Säbel die Flasche köpft. Bei Sektproben stehen alle Marken, die zur »Rotkäppchen«-Gruppe gehören, zur Verkostung bereit, auch Geldermann-Sekt. Und da geistert der Ringelnatz schon wieder durch die Geschichte(n), denn der hat mal in Dankbarkeit für einen gesponserten veritablen Rausch gereimt: »Hast du einmal viel Leid und Kreuz, dann trinke Geldermann und Deutz – und ist dir wieder besser dann, dann trinke Deutz und Geldermann.« Prösterchen!

Adresse Rotkäppchen-Mumm Sektkellereien GmbH, Sektkellereistraße 5, 06632 Freyburg, Tel. 034464/340 | **Anfahrt** A 9, Ausfahrt Weißenfels / Naumburg, auf B 91 bis Burgwerben, dort auf die B 176, am Kreisel zweite Ausfahrt Richtung Freyburg, links in die Merseburger Straße, Oberstraße, rechts in Sektkellereistraße | **Öffnungszeiten** Öffentliche Führungen (ohne Anmeldung) Mo–Fr 11 und 14 Uhr, Sa, So und Feiertage 11, 12.30, 14 und 15.30 Uhr; Weihnachten, Silvester, Neujahr 11, 12.30 und 14 Uhr | **Tipp** In der Querfurter Straße 10 betreibt die Winzergenossenschaft eine große Wein-Galerie; hierher kommen Leute aus ganz Deutschland, um Saale-Unstrut-Weine vor Ort zu kaufen.

98__Wein, Reim und Gesang

Zum Künstlerkeller

Alter Wein und junge Weiber sind die besten Zeitvertreiber. Wer kann da etwas dagegen sagen? Feministinnen zucken ein bisschen zusammen, aber das ist ja alles historisch in den »Altdeutschen Weinstuben«. Den alten Keller kann man sich ansehen, mit den Fässern, in denen bis 1990 Wein reifte. Alle Räume im Restaurant »Zum Künstlerkeller« haben etwas Museales, aber alles, was darin passiert an Kulinarischem, an Service, an Veranstaltungen, ist modern. Auf eine sehr professionelle Weise vermengen sich Tradition und Heute. Die Gäste fühlen sich wohl und kommen wieder. Da steckt freilich viel Herzblut drin. Es ist ein Familienbetrieb, 1830 als Weinausschank gestartet. Der Wirt und Weinbauer Großmann liebte die Geselligkeit. Wein, Weib und Gesang und Reimerei. Fröhliche Gäste und edler Wein, die mögen oft hier beisammen sein. Und die meistgestellte Frage, die, wo denn das stille Örtchen sei, das, wo der Kaiser zu Fuß hingeht, diese Frage beantwortet sich von selbst, wenn man im Gang vor der Tür steht, über der man lesen kann: »Hier isses«.

Anfang der 1930er Jahre »erfand« der Wirt das »Freyburger Winzerfest«. Eigentlich wollte nur die Deutsche Turnerschaft aus Leipzig feiern. Ein Anruf beim Fremdenverkehrsamt und eine Frage später, wo denn das Weinfest stattfände, wussten die Fremdenverkehrsamtler von nichts, meinten aber, das könne nur im »Künstlerkeller« sein. Jedes Jahr feiert Freyburg mit vielen Gästen am zweiten Septemberwochenende Winzerfest, von Freitag bis Montag. Nicht nur Sportler ließen sich nach Freyburg locken, auch Künstler, Professoren und Studenten aus den nahe liegenden Städten Jena, Halle und Leipzig. Den Gästen soll es nie vor dem Morgen gegraut haben, auch wenn der Morgen schon vor der Weinstubentür graute. Der Wirt sorgte am Klavier für Stimmung.

Nach vielen Wirren und einem gewonnenen Kampf gegen die Treuhand lebt der »Künstlerkeller« wieder.

Adresse Hotel und Altdeutsche Weinstuben »Zum Künstlerkeller«, Breite Straße 14, 06632 Freyburg, Tel. 034464/70750 | **Anfahrt** A 9, Ausfahrt Naumburg, B 180 über Naumburg bis Freyburg, dort Ehrauberge, Mühlstraße, rechts in Brückenstraße, Schützenstraße, links in Schulstraße, Kochs Gasse, Quergasse, links in Breite Straße, Parkplätze am Haus | **Öffnungszeiten** erfragen, durch den Hotelbetrieb ist fast immer jemand da | **Tipp** Radler übernachten in der Schützenstraße 9, wo auch Wortspieler ihren Spaß haben, denn der Name des Fahrradhotels verbindet das alte Gebäude mit dem Unstrut-Radweg: »Alte(r) Speiche(r)«.

99 Politisches Turnen

Jahn-Ehrenhalle und Turnhalle

Der Maler Caspar David Friedrich malte 1819 »Zwei Männer in Betrachtung des Mondes«. Eine heimliche Widerstandstat. Der schlankere der beiden ist nämlich Friedrich Ludwig Jahn. Und der saß, als das Bild entstand, im Gefängnis Spandau – wegen politischen Turnens.

Klingt komisch, war aber nicht ungefährlich. Wer wie Jahn in Zeiten der deutschen Kleinstaaterei für Deutschland-einig-Vaterland eintrat, der machte sich nicht nur verdächtig, sondern strafbar. Jahn vertrat schroff und straff deutschnationale Träume. Ihm schwebte ein Großdeutschland vor unter Einbeziehung von Holland, Dänemark und der Schweiz. Die Hauptstadt Teutonia sollte in Thüringen gegründet werden. Dazu mussten aber erst einmal die Kleinfürstentümer und die napoleonische Fremdherrschaft abgeschafft sein. Da kamen Jahn die Ideen von Johann Christoph Friedrich GutsMuths gerade recht, Turnen würde die männliche Jugend vereinen und stählen, sodass sie nach spanischem Vorbild als Guerilla gegen Napoleon kämpfen könnte.

Jahn gründete 1810 in der Hasenheide bei Berlin den »Deutschen Bund« und richtete den ersten öffentlichen Turnplatz nach GutsMuths' Plänen ein. Jahn wollte aber eben nicht nur Turner, sondern flinke, zähe, harte Kerle, darum kamen Fechten, Schwimmen und zackiges Wandern dazu. Und die Hasspredigten Jahns gegen alles aus seiner Sicht Undeutsche. Auf dem Höhepunkt der deutschen Turnbewegung ließ Jahn beim Wartburgfest Bücher verbrennen. Die erste politische Bücherverbrennung in Deutschland. Der Mord am »undeutschen« Spötter August von Kotzebue war Anlass für Turnverbot und die sogenannte Demagogenverfolgung. Jahn wurde eingesperrt und von E. T. A. Hoffmann verurteilt. 1825 wurde er freigelassen und kam unter Polizeiaufsicht nach Freyburg, später wurde er rehabilitiert und Turnen Schulfach. In Freyburg steht die älteste Turnhalle Deutschlands. Und ein Jahn-Gedenkort, die Ehrenhalle.

Adresse Jahn-Ehrenhalle und Turnhalle, Schützenstraße, 06632 Freyburg | Anfahrt A 9, Ausfahrt Naumburg, B 180 über Naumburg bis Freyburg, dort Ehrauberge, Mühlstraße, rechts in Brückenstraße, Schützenstraße | Tipp Im Jahn-Museum, Schloßstraße 11, kann man auch erfahren, wie der frauenfreie Raum des Sports gegen männlichen Widerstand langsam gleichberechtigt gefüllt wurde.

100 Ludwig und Haingott

Die Neuenburg

Die Neuenburg war die Lieblingsburg des Thüringer Landgrafen Ludwig II., und sie war zeitweilig Zentrum der Macht und Machtpropaganda. Die Thüringer Ludowinger waren Kaisertreue, mit der Kaiserfamilie durch Heirat verbunden. Barbarossa besuchte die Neuenburg. Ein Ereignis, zu dem eine große Zahl damaliger Promis von Staat und Kirche anwesend war. Barbarossa nörgelte ein bisschen an der Burg herum, die Mauern wären nicht stark genug. Da soll der Landesfürst über Nacht den Thüringer Adel auf die Wälle der Burg befohlen haben, in Wehr und Waffen, und nun erblickte Barbarossa die »köstlichste, edelste, teuerste und beste« Mauer, wie es in der Legende heißt.

Und noch eine Legende verbindet sich mit der Burg, die dreimal so groß war wie die Wartburg, aber doch nicht deren Größe und Bedeutung erhielt und behalten konnte: die Legende vom Edelacker. Man kennt das Wort vom Weinbau und denkt an edles Gesöff, aber es soll auf eine Erziehungsmaßnahme zurückgehen. Die oft sehr aufsässigen Edlen, also die Thüringer Kleinfürsten, wurden auf Anweisung des Landesfürsten auf den Acker geschickt und vor den Pflug gespannt, um ihren Stolz zu brechen und ihnen wenigstens kurzzeitig ein Gefühl für die von ihnen drangsalierten Bauern zu vermitteln.

Die Burg hat mehrere Bauphasen hinter sich, Teile wurden abgebrochen. Karl Friedrich Schinkel wollte die nutzlose Burg retten und sie zu einer romantischen Ruine umbauen lassen. Aber dann war es doch billiger, das Bestehende zu erhalten. Zu DDR-Zeiten war die Burg einfach zugeschlossen. Seit der Wende wird sie Stück für Stück wieder herausgeputzt. Anziehungskraft hat vor allem die Doppelkapelle, ein architektonisches Kleinod, entstanden um 1170, mit außergewöhnlicher Bauzier. Und noch »jemand« zieht: der mysteriöse Haingott. Seit über 500 Jahren thront er unterm Dach des romanischen Wohnturms und hat sein Geheimnis noch nicht preisgegeben.

Adresse Schloß 1, 06632 Freyburg, www.schloss-neuenburg.de | Anfahrt A 9, Ausfahrt Naumburg, B 180 über Naumburg bis Freyburg, dort Ehrauberge, Mühlstraße, rechts in Brückenstraße, rechts in Schloßstraße, bis zum Parkplatz der Burg, dann laufen | Öffnungszeiten Museum April – Okt. täglich 10 – 18 Uhr, Kinderkemenate Di – So 10 – 17 Uhr, Bergfried »Dicker Wilhelm« Di – So 10 – 18 Uhr, Nov. – März abweichende Zeiten | Tipp Die Edelbrennerei auf Schloss Neuenburg ist auch ein Ausflugsziel für Whisky-Freunde.

101__Unscheinbare Steinbank

Der Bauernstein

Auch in Schleberoda muss die deutsche Leitkultur auf slawischen Fundamenten bauen. 1308 erscheint der Ort erstmals auf einer Urkunde, und zwar als Slaverenrode. Also ein Sorbe namens Slavomir war der Chef der Baumfällerbrigade, die hier durch Rodung Platz für Ansiedlung und Felder geschaffen hat. Die Bauern bauten Bauernhäuser und stampften Lehm für die Scheunen aus Stampflehm, und weil sie sich hier auf Dauer einrichteten, hat einiges auch die Jahrhunderte überdauert. Die Kirche ist barock, aber an einem zugemauerten Triumphbogen kann man die romanischen Ursprünge erkennen. Die Orgel hat Johann Christoph Mocker aus Roßleben gebaut.

Und dann gibt es in Schleberoda noch diese Steinbank unter der 300 Jahre alten Linde. Auf zwei Steinblöcken ruht eine etwa 400 Kilogramm schwere, längliche Steinplatte. In der Mitte der Kalksteinplatte sieht man eine runde Vertiefung. Nichtswissende sollen schon die Ahnung geäußert haben, dass das mal eine öffentliche Toilette werden … Nein! Wozu machte man ein Loch in den Stein? Es war höchstwahrscheinlich die öffentliche Kasse. Wenn im Mittelalter Recht gesprochen wurde, brauchte man nicht nur einen repräsentativen Platz, sondern auch ein paar Leute, die dem Gericht halfen. Es ist also anzunehmen, dass die Vertiefung mit »Dingpfennigen« gefüllt wurde, wenn ein Thing abgehalten werden musste, eine Gerichts- und Volksversammlung. Fünf Pfennige sollen es pro Jahr und Haus hier gewesen sein. Die Steinbank, genannt der Bauernstein, war also der Richtstuhl des Dorfes, wo eben dörfliches Recht gesprochen wurde.

Schräg gegenüber steht mit Nummer 8 – im Dorf Schleberoda gibt es keine Straßennamen, nur Hausnummern – ein schön gemauertes Backsteinhaus von 1861 mit Hausspruch: »Gott segne und behüte dieses Haus und Alle die gehen ein und aus. Carl Walther Constantin Fröhlich«. Also, ein Egoist war der Herr Fröhlich jedenfalls nicht.

Adresse Dorfstraße, 06632 Schleberoda | Anfahrt A 9, Ausfahrt Weißenfels/Naumburg, auf B 91 bis Burgwerben, dort auf die B 176, in Zeuchfeld rechts nach Schleberoda | Tipp Eine Wanderung auf dem »Göhleweg« führt durch Zeuchfeld. Wegmarkierung: rotes Kreuz; von Freyburg Jahnplatz über Zeuchfeld, Branderoda, Ebersroda bis Bodelschwinghdenkmal.

102__Wein in Stein

Das steinerne Album

Das hier ist so etwas Ähnliches wie das zu groß geratene Poesiealbum eines Wein- und Jagdliebhabers. Vor allem ist es aber eine überdimensionierte Schleimerei. Das größte Bildrelief in Europa ist nämlich die Verbeugung des Juweliers Johann Christian Steinauer, ab 1720 Besitzer des hiesigen Weinberges. Als Huldigung an Herzog Christian II. von Sachsen-Weißenfels ließ Hoflieferant Steinauer die Bilder in den Sandstein hauen. In Klein und auf Papier war das während des Rokoko große Mode: gestaltete Albumblätter zu schönen Seiten des Lebens wie Wein und Waidwerk. Auf 150 Metern Länge entstanden die zwölf übermannshohen Reliefs zum zehnjährigen Thronjubiläum des Herzogs 1722. Der fleißige Bildhauer ist unbekannt.

Ein Relief zeigt den Herzog zu Pferde, eines eine Fuchsjagd. Alle anderen sind biblische Szenen, die irgendwie rund um den Wein spielen: der erste Weinbauer Noah mit Weinstock und Rebmesser, der besoffene Lot, die Riesenweintraube-Träger Josua und Kaleb, Christus in der Kelter und die berühmte Hochzeit von Kanaa, wo Jesus Wasser zu Alkohol gezaubert haben soll. Der dabeistehende Spruch ist leicht irritierend: »Gott macht immer aus Wasser Wein / Gesegnet ist die Frucht / Verdammt soll der Mischer sein / der nicht Erquickung sucht.« Wie soll man das verstehen?

Die Sensation des Weinberges fand man 1913, genauer gesagt oberhalb des Weinberges im Fundament von Steinauers Villa: Vier Flaschen Wein der Jahrgänge 1678, 1680 und zwei Mal 1687 kamen zutage. Erstere steht als älteste gefüllte deutsche Weinflasche im Weinmuseum in Speyer. Eine Flasche des Jahrgangs 1687 öffnete man für viel Geld in Berlin, kostete und machte wichtige Gesichter. Die 1680er Flasche trank man in Naumburg. Die letzte Flasche ist verschwunden. Die leere viereckige »Naumburger Flasche« von 1680 befindet sich heute im Besitz des dortigen Stadtmuseums.

Adresse Blütengrund, 06618 Großjena | Anfahrt A 9, Ausfahrt Naumburg, B 180 über Naumburg bis Kleinjena, hinter dem Bahnhof rechts Richtung Großjena, über die Unstrut, dann rechts | Tipp In der Mitte des Ortes findet man den ehemaligen Gutshof des Rittergutes Großjena mit klassizistischem Gutshaus, Lustgarten, dem ehemals dazugehörigen Park und dem Verwalterhaus mit Orangerie.

103 Max und Gertrud

Der Max-Klinger-Weinberg

Eigentlich müsste dieser kleine Text »Max und Gertrud und Johannes und Ella« heißen, denn im Grab des Bildhauers, Malers und Grafikers Max Klinger ist nicht nur auch die Urne seiner letzten Ehefrau Gertrud, sondern dazu die Urne seines Freundes und Nachlassverwalters, des Bildhauers Johannes Hartmann, und die von dessen letzter Frau Ella, der Schwester von Gertrud, gelagert. Hartmann hat Klinger die Totenmaske abgenommen und die beiden Porträtstelen am Grab gestaltet. Hinter dem Grabmal stellte Hartmann, so wie es der Wunsch des Freundes war, die von Klinger geschaffene Bronzefigur »Der Athlet« auf. Und er nahm die junge Klingerwitwe Gertrud zur Frau. Es klingt wie »Ach ja, die Künstler!« und ist doch die Geschichte einer tiefen Freundschaft über den Tod des Freundes hinaus, die die Frauen in Dankbarkeit und sicher auch Liebe einschloss.

1903, als Max Klinger Weinberg und die beiden Häuschen teils kauft, teils pachtet, ist er längst ein Überflieger in der europäischen Kunstszene. Sieben Jahre später: Eine Mutter mit zwei reizenden Töchtern besucht den Berühmten. Die Töchter stehen Modell. Die 16-jährige Gertrud wird oft wiederkommen und dann bleiben. Bis zum Tod verbringt Klinger, Hauptwohnsitz Leipzig, in Großjena glückliche Zeiten. Es sei ein Genuss, über die schöne Landschaft zu fühlen. Er liebt den Wein, ist stolz auf sein »Gewächs Klinger«, Roter und Weißer, den er in Freyburg keltern lässt. Er fühlt sich hier so wohl, dass er wichtige Leute wie den Direktor der Kunsthalle Hamburg einlädt, diese Wohligkeit mit ihm zu teilen. Er schreibt: »… die Aussicht, ein paar Stunden und Tage mit Ihnen zubringen zu können, ist ein ganz reizender Gedanke. Sie können ganz gut bei mir übernachten. Schiffscabine zwischen Weinstöcken. Blechwaschtisch. Kein Naumburgerwein-Zwang. Nur bitte 24 Stunden vorher Anzeige an die unterfertigte Direction.«

Der Tod kam unangemeldet am 4. Juli 1920.

Adresse Blütengrund 3, 06618 Großjena, Tel. 03445/230823 oder 703503 | **Anfahrt** A 9, Ausfahrt Naumburg, B 180 über Naumburg bis Kleinjena, hinter dem Bahnhof rechts Richtung Großjena, über die Unstrut, dann rechts | **Öffnungszeiten** April–Anfang Nov. Di–So 10–17 Uhr, an Feiertagen wie Ostermontag und Pfingstmontag et cetera geöffnet | **Tipp** Von April bis Oktober lädt auch das Max-Klinger-Weinbergcafé mit Aussichtsterrasse und romantischem Kaminhäuschen ein.

104 Mehr nicht!

Röhrs Geburtshaus

Goethe hat ja in seinem Leben viele Buchstaben benutzt. Eigentlich war er ein sehr seriöser und ernster Zeitgenosse, jedenfalls nachdem er sich gemeinsam mit dem Weimarer Herzog in nachpubertären Wehen die »Hörner abgestoßen« hatte. Allerdings blitzten auch da und dort Humor und Selbstironie auf. Ironie, so sagte der Herr Geheimrat, sei das Körnchen Salz, das das Aufgetischte überhaupt erst genießbar mache. Die Ironie der Geschichte ist, dass Goethes letzte Worte eine Legende sind.

Die Worte, die seinen letzten Gang begleiteten, kennt man genau. Die Grabrede hielt der in Roßbach geborene Johann Friedrich Röhr (1777–1848), Doktor der Theologie, Generalsuperintendent und Oberhofprediger. Am 26. März 1832 war Röhr der einzige Trauerredner bei der Bestattung Johann Wolfgang von Goethes. Keine leichte Aufgabe. Wie soll man einem Genie huldigen? Die »Dresdner Abend-Zeitung« schrieb, es sei eine gediegen-schöne Rede gewesen, würdig und wacker, »ohne den bei Leichenreden nur allzu häufig vorkommenden Lobhudel«. Andere vermeinten, es sei Röhr eher eine lästige Pflicht gewesen, die sterblichen Überreste dieses Mannes einzusegnen, weil der teure Tote mit christlicher Religion nicht unbedingt etwas am Hut gehabt hatte. Aber Röhr zog seinen Hut vor dem Toten und sagte: »Nur das vermag uns dabei Trost und Ruhe zu geben, daß eben das Geistige auch noch dann auf Erden fortlebt, wenn das Irdische, womit es umkleidet ist, in sich zerfällt.« Eine Gedenktafel und eine Straße erinnern an den Roßbacher.

Und Goethes letzte Worte? »Mehr Licht«, soll er gehaucht haben. Spötter meinten, er habe in Frankfurter Dialekt sagen wollen: »Mer liecht hier so schlecht.« Alles falsch. Der Kammerdiener Goethes, Friedrich Krause, hat es in ungelenker Schrift notiert. Goethe hätte zuletzt den »Botschamper« verlangt, und den hätte er beim Entschlafen festgehalten. Botschamper? Pot de Chambre – der Nachttopf.

Adresse Dr.-Friedrich-Röhr-Straße 31, 06618 Naumburg, OT Roßbach | Anfahrt A 9, Ausfahrt Naumburg, B 180 durch Naumburg, über die Saale, dann links in die Weinstraße nach Roßbach, dort in die Dr.-Friedrich-Röhr-Straße | Tipp Der ökumenische Pilgerweg von Görlitz nach Vacha führt durch Roßbach. Außerdem findet man hier auch eine Jugendbildungsstätte, die von Gruppen jeder Altersstufe genutzt werden kann.

105 Tierisch gut

Geländer im Dom

Natürlich muss man, wenn man Naumburg besucht, in den Dom Sankt Peter und Paul, sich die berühmten Stifterfiguren ansehen, allen voran Uta und Ekkehard. Großes Gedränge herrscht oft, aber besonders Mitte März, wenn Utas aus ganz Deutschland und darüber hinaus zum großen Uta-Treffen kommen. Eine Idee der Stadttouristiker. Uta soll die schönste Frau des Mittelalters gewesen sein, deren heller Schein auch auf die heutige Damenwelt fällt. Aber geladen sind ebenso die Namensvettern der anderen Stifterfiguren, um der Statistik Prallheit zu verleihen. Doch wer heißt heute schon Ekkehard, Syzzo oder gar Reglindis?

Die drei Fenster in der Elisabeth-Kapelle hat Neo Rauch gestaltet, auch darum hoffen die Touristiker auf Statistikzuwachs. Der Dom ist ein Kulturtempel – der Domschatz beginnt mit romanischen und gotischen Kunstwerken der mittelalterlichen Kultur und findet kein Ende, weil immer neue Kunst hinzukommt.

Der Dom als Ganzes ist ein Schatz. 1213 sind die ersten Steine für den Dombau herangekarrt worden, eine Menge Steine. Der Dom ist dreischiffig und zweichörig, eine Basilika mit vier Türmen und einem Kreuzgang. Man kann sich verlaufen. Die Krypta unter dem Ostchor ist noch ein paar Jahrzehnte älter und war Teil eines Vorgängerbaus.

Natürlich ist das hier Weltkulturerbe, ob es nun eine offizielle Urkunde hat oder nicht. Und zu diesem Erbe gehören auch die wunderbaren Arbeiten des Bildhauers Heinrich Apel. Der hat an vielen Stellen in seiner Wahlheimatstadt Magdeburg Werke geschaffen, so zum Beispiel den großen Brunnenbottich mit den kleinen Teufelchen. In Dresden zeigt die Skulptur des Hofnarren Fröhlich, wie anstrengend es ist, witzig zu sein. Im Naumburger Dom fallen zwei Treppengeländer auf, wobei hier das Architektenwort »Handlauf« besser ist. Man kann die Hand laufen lassen, von Tier zu Tier, hoch zum Tierflüsterer Franziskus oder hinab zur teuflischen Schlange im Paradies.

Adresse Domplatz 16, 06618 Naumburg, Tel. 03445/2301133 | Anfahrt A 9, Ausfahrt Naumburg, B 180 bis Naumburg, dort in der Straße »Hinter dem Dom« parken, dann kurzer Weg zum Dom | Tipp Das Nietzsche-Denkmal auf dem Holzmarkt in Naumburg ist auch von Heinrich Apel.

106 Nicht schlecht, ein Specht!

Der Naumburger Dom

So einen Dom zu bauen, das ist schon eine Generationen-Aufgabe. Vor allem Generationen von Steinmetzen mussten ran und die Steine behauen, dass man sie passgenau verbauen konnte. Steinmetze waren nicht nur Handwerker, sondern auch Künstler. Einige sind als Porträt in ihren Bauwerken verewigt. Die übliche Form war allerdings die Unterschrift, das Steinmetzzeichen, die Künstlersignatur. Wer heute wissen will, welcher Steinmetz wo seine Spuren hinterlassen hat, findet im Internet eine Seite mit über 7.000 Steinmetzzeichen, die allein in Mitteleuropa registriert wurden. Die erste Signatur, die auch einer Person zuzuordnen ist, ist die um 1130 eingemeißelte des Gislebertus in der Kathedrale von Autun.

Im Naumburger Dom gibt es eine Vielzahl von Steinmetzzeichen. Keines verrät, wer der Meister von Naumburg war, der auch die Stifterfiguren schuf. Und noch ein Werk hat bisher seinen Meister nicht verraten. Man muss nach draußen gehen, sich an die Ecke Dompredigergasse stellen, den Kopf gehörig in den Nacken legen und sehr gute Augen haben, um es zu sehen. Ein Fernglas hilft. Oben am Nordwestturm pickert ein Specht am Dom herum. Ungewöhnlich, aber erklärbar. Es gibt eine Sage zur Gründung des Domes.

Die Ekkehardiner, ein bedeutendes Adelsgeschlecht, immer nah bei Kaisern und Königen, hatten eine Burg errichten lassen und wünschten sich in unmittelbarer Nähe einen Dom. Sie ließen kurioserweise einen Specht bestimmen, wohin mit dem Gotteshaus. Der Vogel flog los, aber nicht weit, weil er an einer hohen Tanne, sicher mit viel essbarem Getier, landete. Dort blieb er, trotz Geschrei und Händeklatschen. Damit war der Bauort bestimmt.

Die kleine Spechtfigur ist noch gar nicht so alt. In den 1980er Jahren erinnerte sich ein Steinmetz an die Sage und wollte sich selbst verewigen. Seitdem hat der Dom seinen Specht.

Adresse Domplatz 16, 06618 Naumburg, Tel. 03445/2301133 | Anfahrt A 9, Ausfahrt Naumburg, B 180 bis Naumburg, dort in der Straße »Hinter dem Dom« parken, dann kurzer Weg zum Dom | Tipp Ein echter Geheimtipp ist die Taschenlampenführung im Dom – nur außerhalb der Öffnungszeiten buchbar.

107 Der großherzige Muck

Haus Siebeneichen

1921 gab die Stadt Kahla Notgeld heraus. Auf einem Schein ein strahlender junger Mann, der vor der Leuchtenburg fröhlich zur Gitarre singt, umringt von jungen Menschen, die Wimpel in die Höhe halten, auf denen »Neue Schar« steht. Auf einem anderen Bildchen derselbe junge Mann, gesenkten Kopfes abziehend, mit ihm die jungen Leute. Über allem kreisen wie die Geier Störche. Dazu ein Spruchband: »Der Mensch sei edel, hilfreich, gut / Und keusch und lobesam. / Mit diesen Worten einst daher / Freund Muck gezogen kam. / Was ist vom guten Vorsatz nun, / Mein lieber Muck, geblieben? / Zähl nur die Häupter deiner Schar: / Es sind statt sechse … sieben.«

Der verspottete junge Mann war ein Inflationsheiliger, einer, der nach dem verheerenden Krieg einen neuen Lebenssinn suchte und ihn in der Gemeinschaft junger Leute fand, wandernd, singend, tanzend. Ein Alternativer, der fleischarme Ernährung propagierte und gegen Alkoholmissbrauch sprach. Damit machte er sich gerade in Thüringen schnell Feinde unter den national-studentischen Trunkenbolden und den Wirten. Sein Name? Friedrich Lamberty, genannt Muck.

Der Mann wollte eine Revolution der Seele. Zeitweilig wurde er als Messias von Thüringen verehrt. Die Behörden guckten scheel auf Lamberty. Zum Verhängnis wurden ihm die freie Liebe und weibliche Eifersucht. Darum die vielen Störche auf den Kahlaer Geldscheinen. Die öffentliche Meinung und ehemalige Sympathisanten wandten sich ab. Unter dem Namen »Naumburger Werkschar« gründete er eine Drechslerwerkstatt, wie er schrieb: »Heimindustrie auf genossenschaftlicher Grundlage«. Nach dem Zweiten Weltkrieg gab Lamberty 100 Leuten Arbeit und wurde vom Wirtschaftsminister dafür ausgezeichnet. Später zog er samt Drechslerfirma in den Westen Deutschlands, wo er 1984 starb. Die Zeugnisse seines Lebens und Tuns in Naumburg sind schon verschwunden oder verfallen – wie das Haus Siebeneichen.

Adresse Haus Siebeneichen, Flemminger Weg 85, 06618 Naumburg | Anfahrt A 9, Ausfahrt Naumburg, B 180 in Naumburg bis Ende, dann links in die Jenaer Straße (B 88), dann rechts Flemminger Weg bis Gaststätte »Sperlingsholz«, parken, gegenüber der Gaststätte in den Flemminger Weg, nach der Straßenbiegung sieht man links im Wald die Ruine | Tipp Die Naumburger Straßenbahn, liebevoll »Illebim« oder »Wilde Zicke« genannt, war mal die einzige Ringstraßenbahn Europas. Fährt jetzt auf verkürzter Strecke, wer will, kann einen »Schaffner« als Stadtführer dazuholen.

108_Bürgerstolz und Bürgergeld

Stadtmuseum Hohe Lilie

Gute Museen erzählen Geschichte in Geschichten. Das »Haus zur Hohen Lilie« ist erst einmal seine eigene Geschichte, denn es ist ein Haus, das aus vier Gebäuden zusammenwuchs. Es verschränken sich die Jahrhunderte bis zu der Zeit, in der Uta und Ekkehard und die anderen Stifterfiguren in den Dom gestellt wurden. Dieses Museum jedoch lebt eine Idee. Es zeigt konzentriert die Geschichte der Bürgerschaft Naumburgs. Das klingt unambitioniert? Ganz im Gegenteil.

Nur zwei Fragen als Beispiele, alle Antworten kann man im Museum finden: Wieso hieß es im Mittelalter »Stadtluft macht frei«? Wer weiß heute noch, was es kostete, Bürger in Naumburg zu sein? Um 1600 musste der Naumburger bis zu 50 Talern berappen, nach dem Dreißigjährigen Krieg lockte die Stadt mit sechs Talern, die der Bürger als Bürgergeld entrichten musste. Bürger waren knapp geworden. Trotzdem durfte nicht jeder Dahergelaufene hier Bürger sein. Man musste eheliche Geburt nachweisen und bei Zuzug eine Art Abschieds- beziehungsweise Führungszeugnis der alten Gemeinde vorlegen. Bis ins 19. Jahrhundert hinein war übrigens nur eine Minderheit von 10 bis 20 Prozent der Stadtbevölkerung vollwertig Bürger. Von Frauen wird gar nicht geredet. Nur Bürger durften wählen, Bier brauen und Grund und Boden erwerben. Im Museum bekommt man auch eine Antwort auf die Frage, warum Naumburg so voller schöner alter Villen ist. In der zweiten Hälfte des 19. Jahrhunderts hatte ein Bürgermeister die Vision von »Pensiopolis«: Beamte und Pensionäre wurden angelockt, so verdoppelte sich die Einwohnerzahl.

Es boomte auch das produzierende Gewerbe. Die reich bestickte Fahne der Kammmacher-Innung (mit drei m!) von 1853 erzählt, dass man mit der Eitelkeit der Frauen schon immer gutes Geld verdienen konnte. Wer noch mehr Naumburger Geschichte(n) möchte: im Nietzsche-Haus, Marientor, Wenzelsturm und bei Käthe Kruse.

Adresse Markt 18, 06618 Naumburg, Tel. 03445/703503 oder 200648 | **Anfahrt** A 9, Ausfahrt Naumburg, B 180, in Naumburg rechts in Marienring, weiter bis Kreisel, fünfte Ausfahrt Marienstraße, Parkplatz suchen und in Fahrtrichtung zum Museum laufen | **Öffnungszeiten** täglich 10–17 Uhr, Schließtage erfragen; für Schulklassen und Leute unter 18 Eintritt frei | **Tipp** Die Löwenapotheke am Markt ist mit einem Apothekenmuseum von acht Räumen auf drei Etagen verbunden; nach Anmeldung öffentlich zugänglich.

109 Eine Gedenkecke

Richard-Locker-Denkmal

Der Widerstand gegen Adolf Hitler war vielfältig. Sozialdemokraten, Soldaten und Studenten, Kirchenleute, Kommunisten und Kunstschreiner, hohe Offiziere, Männer und Frauen. Sie alle hatten Namen. Namen, die nicht in Vergessenheit geraten sollten. Es waren die, die den Mut hatten, ihr Leben einzusetzen, um die Naziherrschaft zu bekämpfen und zu beenden. Hitlerattentäter, Widerstandskämpfer, Illegale, ob sie in München Flugblätter verteilten oder in Naumburg. Noch kennen viele die Namen Sophie und Hans Scholl, aber immer weniger kennen Richard Locker und Arthur Samter.

Richard Locker wurde am 20. März 1904 in Naumburg an der Saale geboren, wohnte Hallesche Straße 50. In Naumburg waren fast alle Mitglieder der Kommunistischen Partei Arbeiter und kleine Angestellte, außer dem Rechtsanwalt Samter, gebürtig aus Posen, Jurastudium in Genf, München und Breslau. Er war an mehreren bedeutenden Gerichtsprozessen während der Weimarer Republik in Berlin und Leipzig beteiligt. 1932 zog er mit der Familie nach Naumburg, wo seine Wohnung Treffpunkt der politischen Linken wurde. Er wurde mehrfach verhaftet, 1942 – nachdem ihm als Jude Doktortitel und Rechtsanwaltszulassung entzogen worden waren – mit dem mörderischen Aktenvermerk »R.u.« (Rückkehr unerwünscht) ins KZ Auschwitz gebracht, wo er im Februar 1943 starb.

Der Kraftsportler Richard Locker kannte Armut und Arbeitslosigkeit. Er träumte von einem besseren, gerechteren Leben. Er war Mitglied der illegalen KPD-Leitung des Unterbezirks Naumburg, wurde zu sechs Jahren Zuchthaus verurteilt. Im Juni 1943 wurde er in die Strafdivision 999 einberufen. Bei einem Einsatz in der Ägäis ist er im Oktober desselben Jahres ertrunken.

Nach Arthur Samter wurde nach Ende der Nazizeit eine Straße benannt, nach Richard Locker das Stadion. Beide Gedenkbenennungen hat man nach der Wende abgeschafft. Das Locker-Denkmal im Stadion ist noch da.

Adresse Stadion, Saalestraße 38, 06618 Naumburg, Tel. Sportclub Naumburg e. V. 03445/710771 | **Anfahrt** A 9, Ausfahrt Naumburg, B 180 in Naumburg bis Kreisel, zweite Ausfahrt Unterm Georgenberg, links in Bahnhofstraße, weiter Saalestraße | **Tipp** Eine Gedenktafel in der Jüdengasse in Naumburg erinnert an die jüdischen Opfer der Hitlerbarbarei.

110 Der Christstollenort

Ursprung des Weihnachtsgebäcks

Es gibt hartnäckige Legenden. Dabei erzählen sich ja die Legenden nicht von allein weiter, das machen Menschen. Also, Menschen, aufgemerkt! Den Christstollen haben nicht die Bäcker da im sächsischen Dresden erfunden. Nein, diese Ehre gebührt den Naumburgern. Jedenfalls gibt es einen schriftlichen Beweis.

Ganz ursächlich ist Stollen beziehungsweise Stolle (für Pfosten oder Stütze) ein althochdeutsches Wort. Und als die Dresdener 1474 ihre Stollenurkunde ausfertigten, da war zumindest das Wort schon in aller Munde. Aber bereits eineinhalb Jahrhunderte zuvor erteilte der Naumburger Bischof Heinrich I. von Grünberg ein Innungsprivileg für die Bäcker der Stadt. Zwar ist die lateinische Version von 1329 verschollen, aber die Übersetzungen ins Deutsche sind noch da. Und was lesen wir? »... haben sie sich vnd yrn Nachkommlingen alle Jar ewiglichen ... an des heiligen Crist Abende zwey lange weyssene Brothe, die man Stollen nennet, gemacht von eynem halben Scheffel Weysses vns vnd vnsern Nachkommlingen in unsern Hof gelobt haben verbunden zu geben und zu reichen.« Mit heutigen Worten: Zum Christfest hatten die Naumburger Bäcker dem Bischof zwei Stollen zu liefern. Kostenlos natürlich, weil Ihro Kirchenchefigkeit so nett gewesen war und einmal seinen Wilhelm unter eine Urkunde gekritzelt hatte.

Schnell fand der Stollen entlang der Unstrut zu den Thüringern, die Namen sind regional unterschiedlich: Weihnachtsweck oder Christsemmel, Stolle und Stollen, Christscheit, Schorn und Schittchen. Liebhaber des gehaltvollen Gebäcks wissen, dass – wie Oma immer sagte – die »gute Butter« darinnen keine Sünde ist, sondern unabdingbar. Da selbst Backrezepte früher kirchlichen Festlegungen unterlagen und der Stollen zunächst gar nicht gebuttert war, schrieben die Dresdener einen Butterbittbrief an den Papst. Der geistige Oberhirte erlaubte huldvoll ein bisschen körperliche Völlerei.

Adresse Café Block, Markt 1, 06618 Naumburg, Tel. 03445/2346080 | Anfahrt A 9, Ausfahrt Naumburg, B 180, in Naumburg rechts in Marienring, weiter bis Kreisel, fünfte Ausfahrt Marienstraße, Parkplatz suchen und in Fahrtrichtung zum Markt laufen | Öffnungszeiten Mo–Sa 9–18 Uhr, So 12–18 Uhr | Tipp Besuchen Sie die Wenzelskirche mit Hildebrandt-Orgel (die durch J. S. Bach und Gottfried Silbermann abgenommen wurde), Türmerwohnung und grandiosem Ausblick.

111_Weg ist weg

Die Unstrut-Mündung

Anerkennend sagt man zu angenehmen Gegenden: Das ist'ne schöne Ecke. Die hier nennt sich Sonneck. Hier ist man wirklich auf der Sonnenseite. Hier isst man frische Feigen vom Baum. Ein Ort der Muße, wenn man will, auch der Musen. Wenn das passende Wetter ist, sitzt man draußen und schaut zu, wie sich zwei Flüsse vereinigen. Aber wie im menschlichen Zusammenleben, selbst bei gleichgeschlechtlichen Vereinigungen – *die* Unstrut und *die* Saale –, gibt es Hierarchiegerangel. An der Einmündung in die Saale führt die Unstrut zwar weniger Wasser. Aber bis hierhin ist die Saale kürzer und entwässert auch ein kleineres Gebiet als die Unstrut. So gleicht es sich wieder aus, sagen die Wasserwissenschaftler und sprechen von einem gleichrangigen Zusammenfluss. Übrigens wurde der mal hierher verlegt.

Solche Informationen haben null Bedeutung, wenn man draußen vor oder drin in der Akademie Haus Sonneck sitzt und entspannt auf die Flusslandschaft sieht. Aber ein bisschen Wissen darf man hier aufsaugen. Sonneck ist nämlich auch ein Ort des Lernens, eine staatlich anerkannte, öffentlich geförderte und landesweit tätige Heimvolkshochschule. Die Akademie bietet ein reichhaltiges Seminarprogramm von politischer bis kultureller Bildung, das allen Interessierten offensteht. Die Teilnehmer wohnen während der Seminarzeit in dem historischen Gebäudeensemble (ohne TV!), das vor einigen Jahren um ein modernes Seminarhaus ergänzt wurde. Zum Grundstück gehört ein großer Weinberg, so entsteht keine abendliche Getränkeknappheit. Ein französischer Seminarteilnehmer erfand das Motto der Akademie, eine Begegnungsstätte, wo man miteinander und voneinander lernen kann. Das sei ein Ort, an dem man sich die Welt neu ausdenken möchte.

Und nun? Abschiedsstimmung? Es steht jedem frei, stehenden Fußes umzukehren, die Unstrut auch von der Mündung zur Quelle zu bereisen. Ein guter Anfang ist Sonneck allemal.

Adresse HVHS Akademie Haus Sonneck gGmbH, Telegrafenweg 8, 06618 Großjena, Tel. 03445/703153 | Anfahrt A 9, Ausfahrt Naumburg, B 180, in Naumburg rechts in Marienring, am Kreisel zweite Ausfahrt Hallesche Straße, stadtauswärts, über die Saale, Henne, links in L 207 | Tipp Von hier aus sind es nicht mal 200 Kilometer bis zur Unstrutquelle in Kefferhausen.

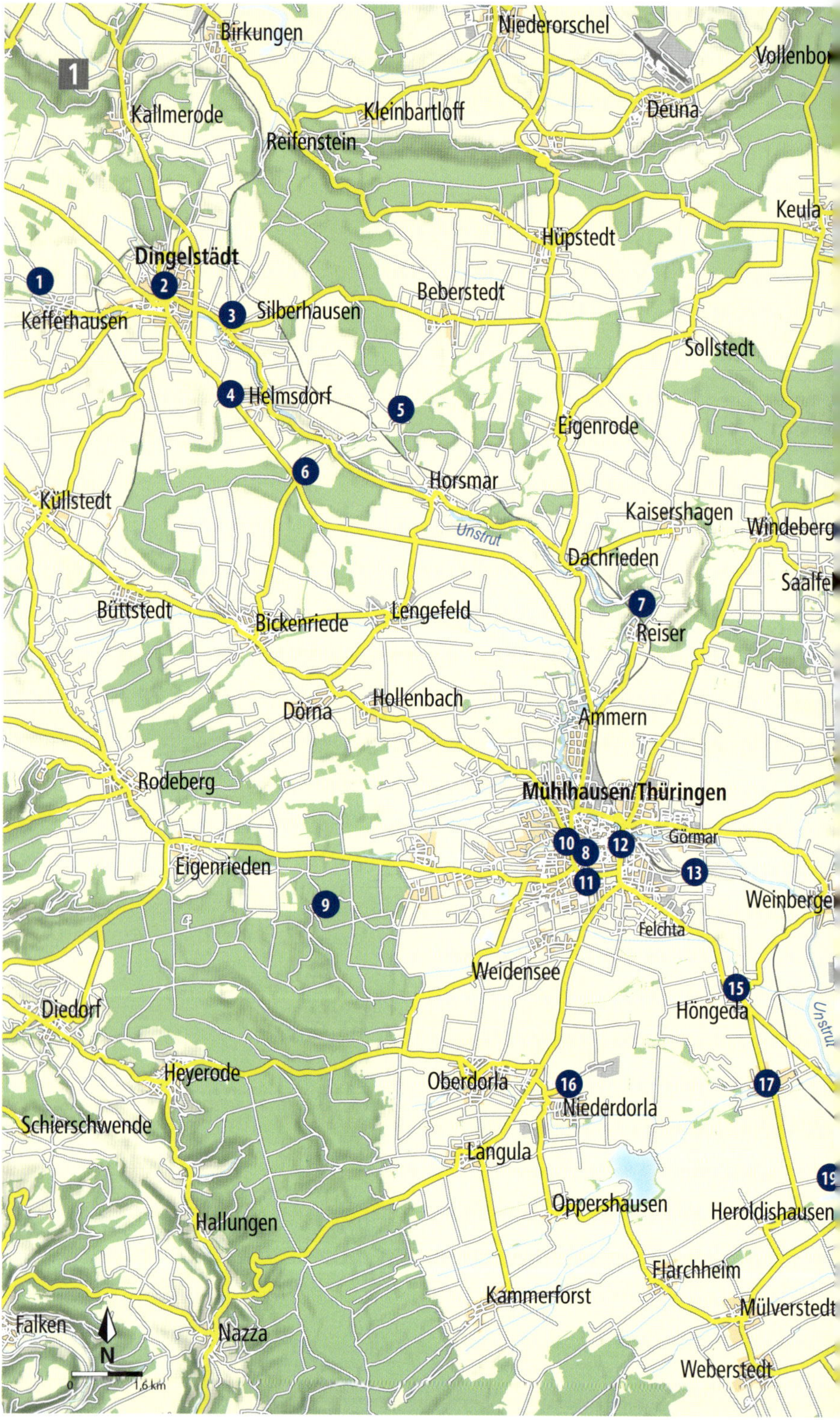
1
Birkungen
Niederorschel
Vollenbo
Kallmerode
Kleinbartloff
Deuna
Reifenstein
Keula
Hüpstedt
Dingelstädt
Beberstedt
Kefferhausen
Silberhausen
Sollstedt
Helmsdorf
Eigenrode
Horsmar
Küllstedt
Kaisershagen
Windeberg
Unstrut
Dachrieden
Saalfe
Büttstedt
Lengefeld
Bickenriede
Reiser
Hollenbach
Dörna
Ammern
Rodeberg
Mühlhausen/Thüringen
Görmar
Eigenrieden
Weinberge
Felchta
Weidensee
Höngeda
Unstrut
Diedorf
Heyerode
Oberdorla
Niederdorla
Schierschwende
Langula
Oppershausen
Heroldishausen
Hallungen
Flarchheim
Kammerforst
Mülverstedt
Falken
N
Nazza
Weberstedt
0
1,6 km

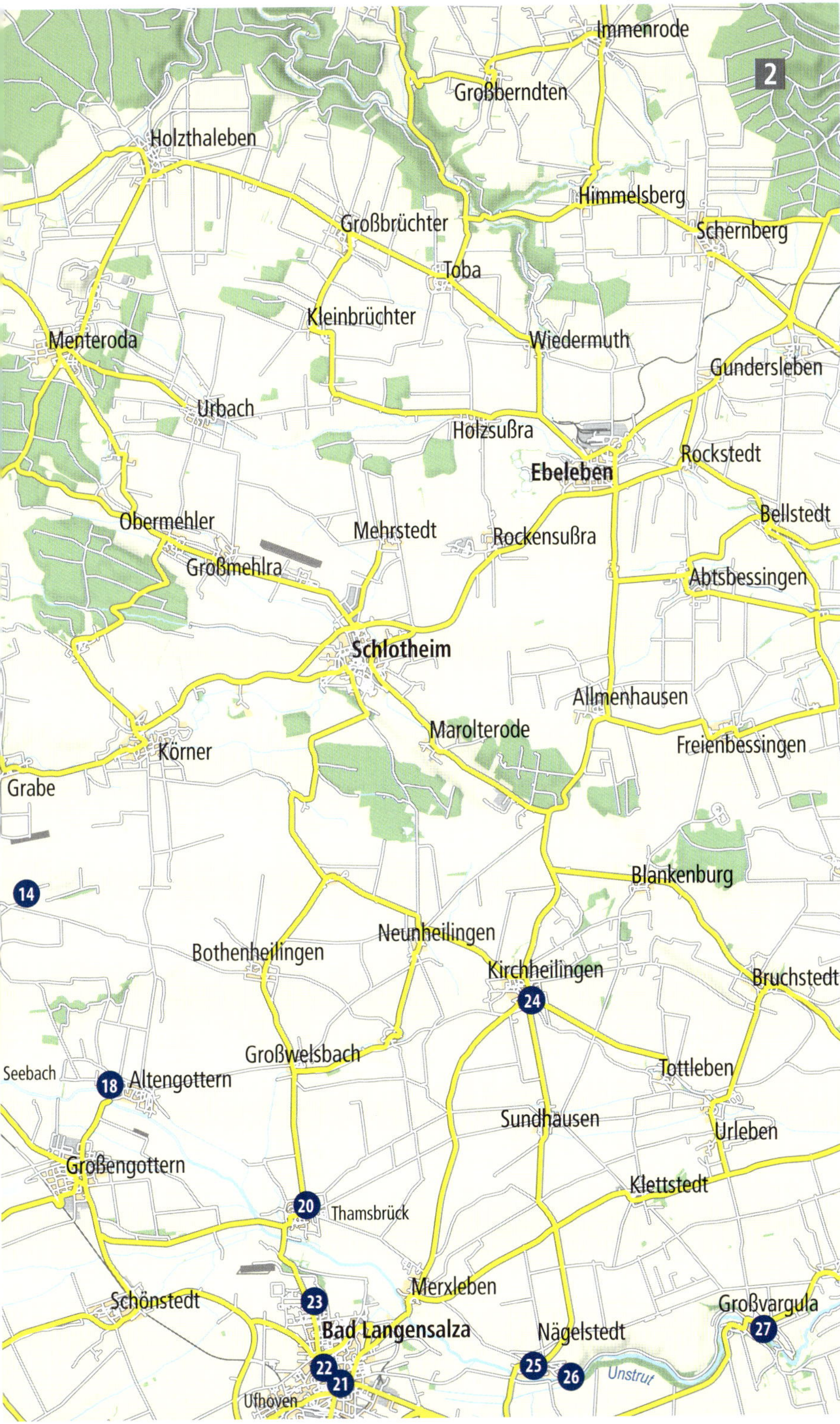
2
Immenrode
Großberndten
Holzthaleben
Himmelsberg
Großbrüchter
Schernberg
Toba
Kleinbrüchter
Menteroda
Wiedermuth
Gundersleben
Urbach
Holzsußra
Ebeleben
Rockstedt
Obermehler
Mehrstedt
Rockensußra
Bellstedt
Großmehlra
Abtsbessingen
Schlotheim
Allmenhausen
Marolterode
Freienbessingen
Körner
Grabe
Blankenburg
14
Neunheilingen
Bothenheilingen
Kirchheilingen
24
Bruchstedt
Großwelsbach
Tottleben
Seebach
18
Altengottern
Sundhausen
Urleben
Großengottern
Klettstedt
20
Thamsbrück
Merxleben
23
Schönstedt
Großvargula
27
Bad Langensalza
Nägelstedt
22
25
26
Unstrut
21
Ufhoven

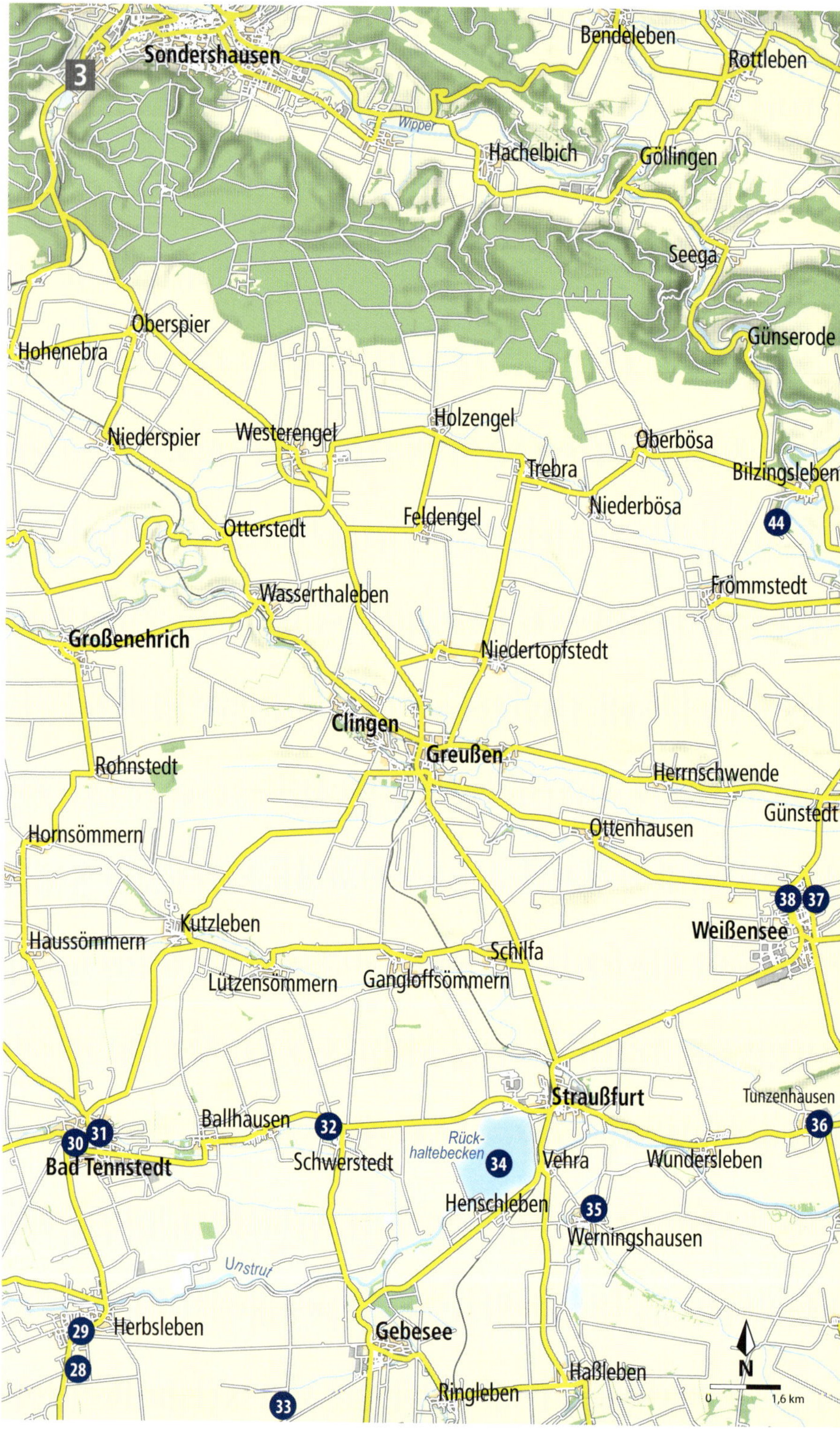
3
Sondershausen
Bendeleben
Rottleben
Wipper
Hachelbich
Göllingen
Seega
Günserode
Oberspier
Hohenebra
Niederspier
Westerengel
Holzengel
Oberbösa
Trebra
Bilzingsleben
Niederbösa
Feldengel
Otterstedt
44
Wasserthaleben
Frömmstedt
Großenehrich
Niedertopfstedt
Clingen
Greußen
Rohnstedt
Herrnschwende
Günstedt
Hornsömmern
Ottenhausen
38
37
Kutzleben
Weißensee
Haussömmern
Schilfa
Lützensömmern
Gangloffsömmern
Straußfurt
Tunzenhausen
Ballhausen
32
36
31
30
Rück-
haltebecken
34
Bad Tennstedt
Schwerstedt
Vehra
Wundersleben
Henschleben
35
Werningshausen
Unstrut
29
Herbsleben
Gebesee
28
N
Haßleben
Ringleben
0
1,6 km
33

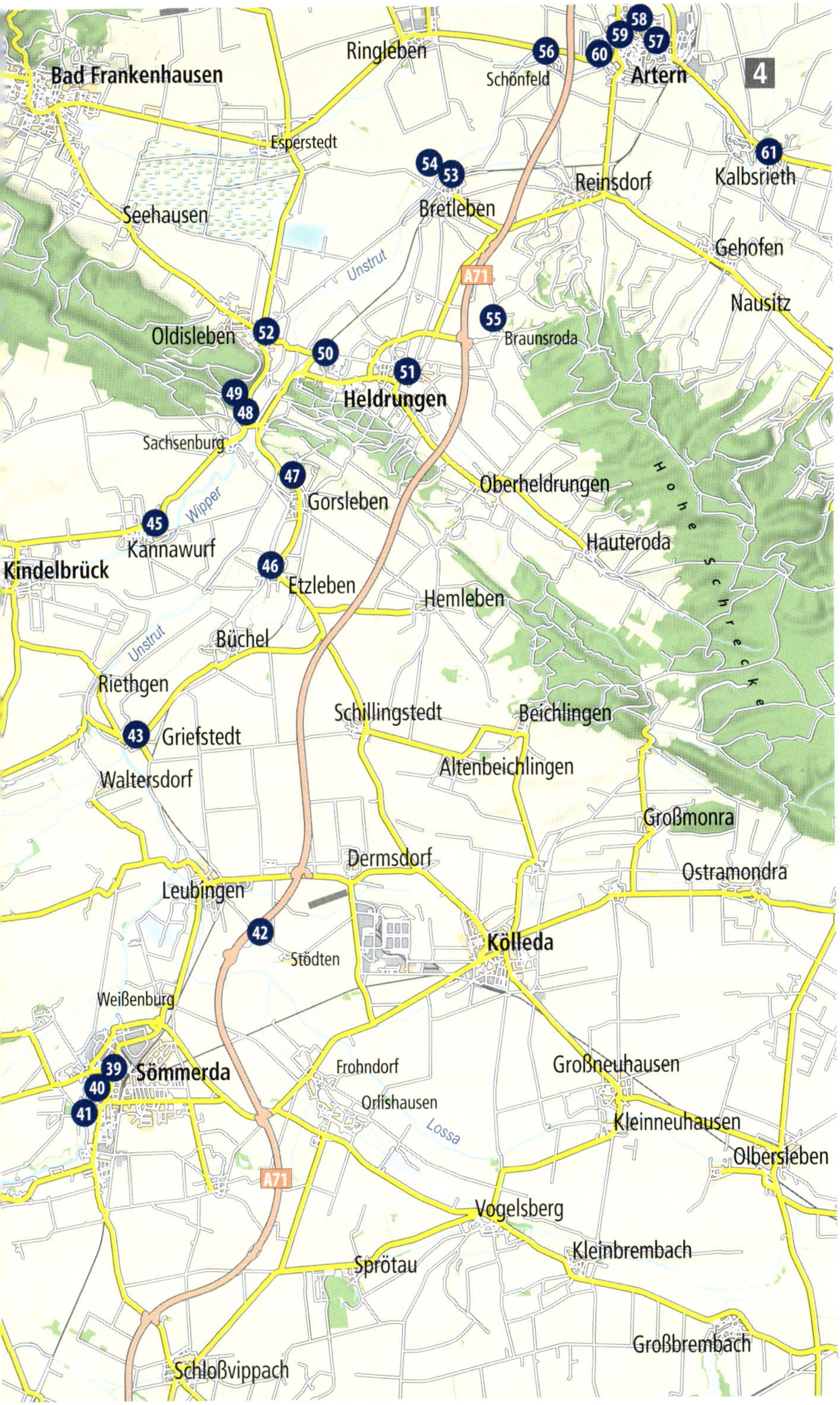

4
Bad Frankenhausen
Ringleben
Schönfeld
Artern
Esperstedt
Reinsdorf
Kalbsrieth
Seehausen
Bretleben
Gehofen
Unstrut
A71
Nausitz
Braunsroda
Oldisleben
Heldrungen
Sachsenburg
Oberheldrungen
Hohe Schrecke
Gorsleben
Wipper
Hauteroda
Kannawurf
Kindelbrück
Etzleben
Hemleben
Büchel
Unstrut
Riethgen
Schillingstedt
Beichlingen
Griefstedt
Altenbeichlingen
Waltersdorf
Großmonra
Dermsdorf
Ostramondra
Leubingen
Kölleda
Stödten
Weißenburg
Sömmerda
Frohndorf
Großneuhausen
Orlishausen
Kleinneuhausen
Lossa
Olbersleben
A71
Vogelsberg
Kleinbrembach
Sprötau
Großbrembach
Schloßvippach
39
40
41
42
43
45
46
47
48
49
50
51
52
53
54
55
56
57
58
59
60
61

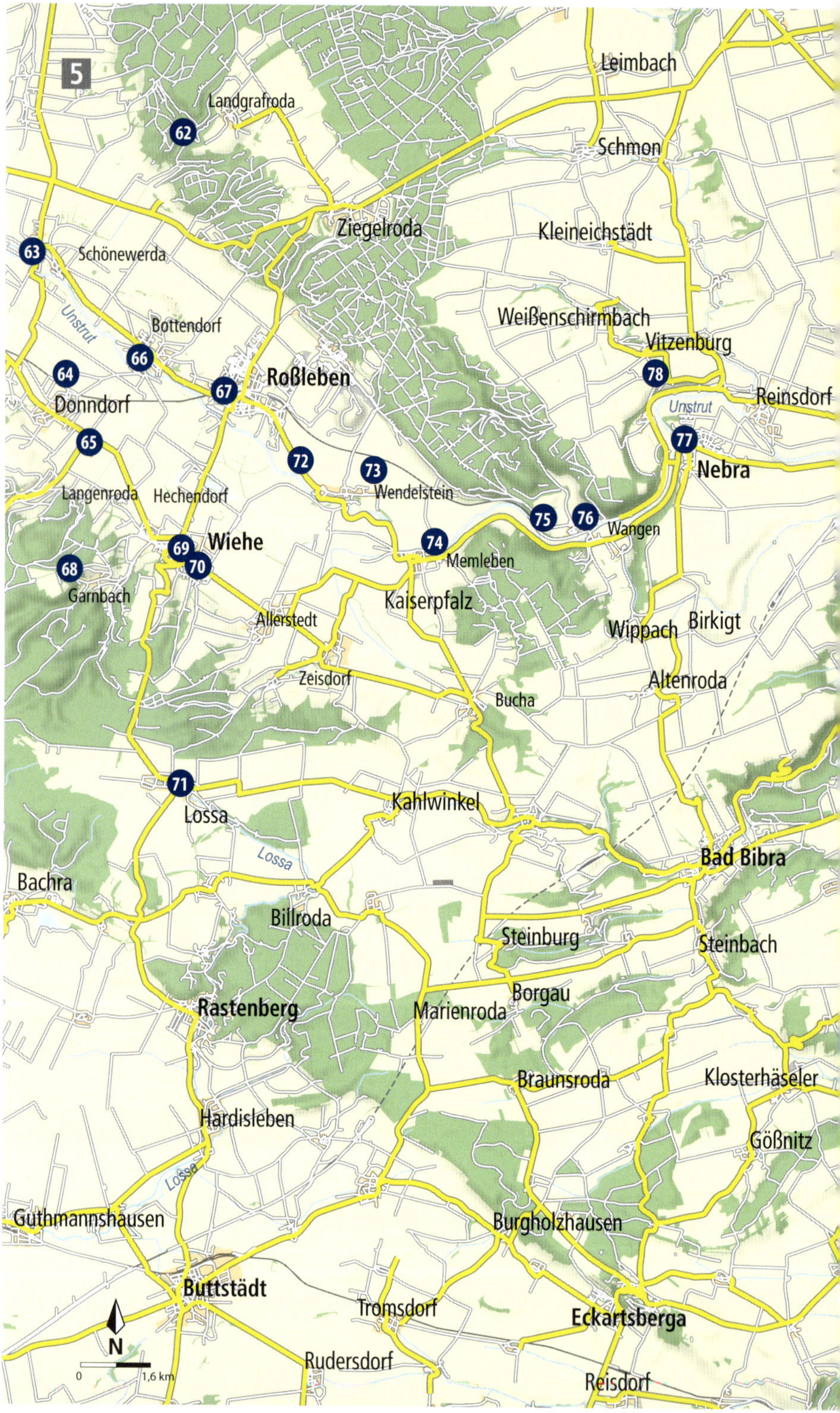
5
Landgrafroda
62
Leimbach
Schmon
Ziegelroda
Kleineichstädt
63
Schönewerda
Unstrut
Bottendorf
Weißenschirmbach
Vitzenburg
66
64
67
Roßleben
78
Reinsdorf
Donndorf
Unstrut
65
77
72
73
Nebra
Langenroda
Hechendorf
Wendelstein
75
76
Wangen
69
Wiehe
74
70
68
Memleben
Garnbach
Kaiserpfalz
Allerstedt
Wippach
Birkigt
Zeisdorf
Altenroda
Bucha
71
Kahlwinkel
Lossa
Lossa
Bad Bibra
Bachra
Billroda
Steinburg
Steinbach
Borgau
Rastenberg
Marienroda
Braunsroda
Klosterhäseler
Hardisleben
Gößnitz
Lossa
Guthmannshausen
Burgholzhausen
Buttstädt
Tromsdorf
Eckartsberga
N
Rudersdorf
0
1,6 km
Reisdorf

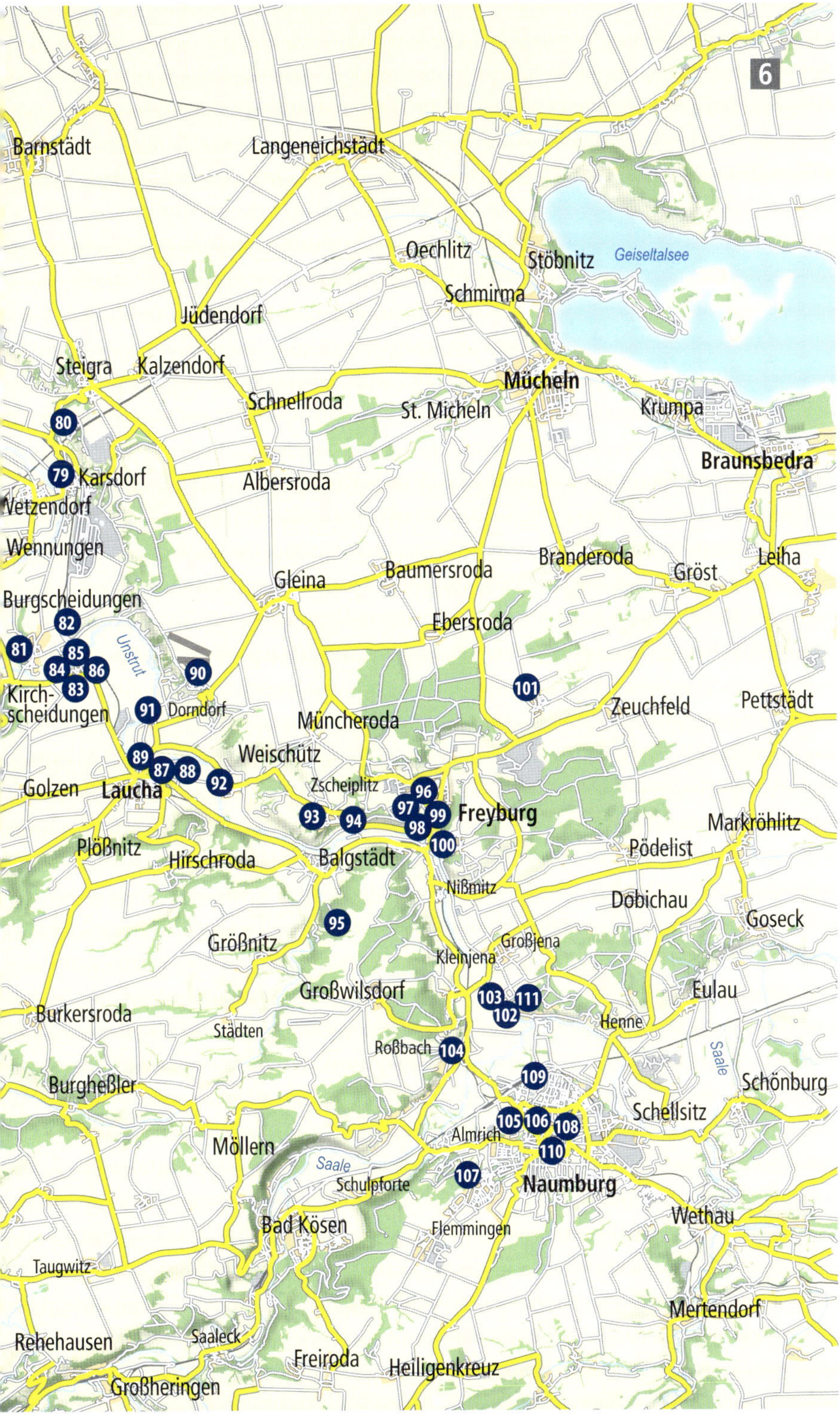
6
Barnstädt
Langeneichstädt
Oechlitz
Stöbnitz
Geiseltalsee
Schmirma
Jüdendorf
Steigra
Kalzendorf
Mücheln
Schnellroda
St. Micheln
Krumpa
80
79
Karsdorf
Braunsbedra
Albersroda
Wetzendorf
Wennungen
Branderoda
Gleina
Baumersroda
Gröst
Leiha
Burgscheidungen
82
Ebersroda
81
85
Unstrut
84
86
90
83
101
Kirch-
scheidungen
91
Dorndorf
Zeuchfeld
Pettstädt
Müncheroda
Weischütz
89
87
88
92
Golzen
Laucha
Zscheiplitz
96
97
99
Freyburg
93
94
98
Markröhlitz
100
Plößnitz
Hirschroda
Balgstädt
Pödelist
Nißmitz
Dobichau
95
Goseck
Größnitz
Großjena
Kleinjena
Großwilsdorf
103
111
Eulau
102
Burkersroda
Henne
Städten
Saale
Roßbach
104
109
Schönburg
Burgheßler
105
106
108
Schellsitz
Almrich
110
Möllern
Saale
107
Schulpforte
Naumburg
Bad Kösen
Wethau
Flemmingen
Taugwitz
Mertendorf
Rehehausen
Saaleck
Freiroda
Heiligenkreuz
Großheringen

Gabriele Kalmbach
111 Orte in Dresden, die man gesehen haben muss
ISBN 978-3-89705-909-2

Jochen Reiss
111 Orte in und um Göttingen, die man gesehen haben muss
ISBN 978-3-7408-0240-0

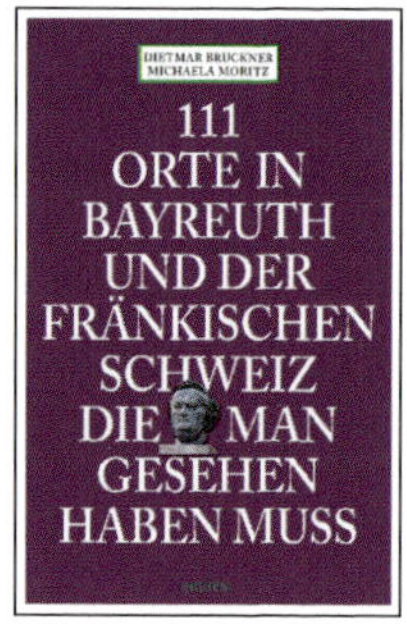

Dietmar Bruckner,
Michaela Moritz
111 Orte in Bayreuth und der Fränkischen Schweiz, die man gesehen haben muss
ISBN 978-3-95451-130-3

Kirsten Elsner-Schichor
111 Orte im Harz, die man gesehen haben muss
ISBN 978-3-7408-0121-2

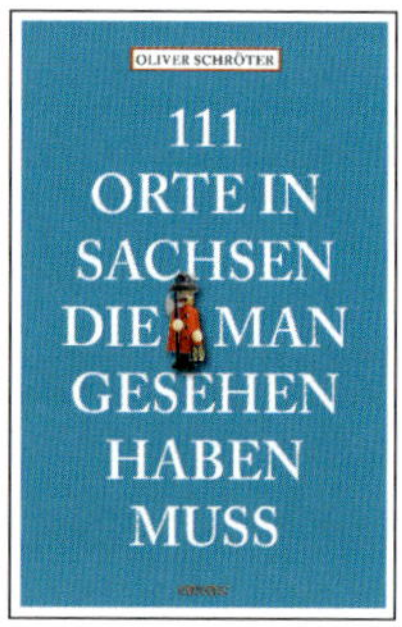

Oliver Schröter
111 Orte in Sachsen, die man gesehen haben muss
ISBN 978-3-95451-021-4

Oliver Schröter
111 Orte in Leipzig, die man gesehen haben muss
ISBN 978-3-89705-910-8

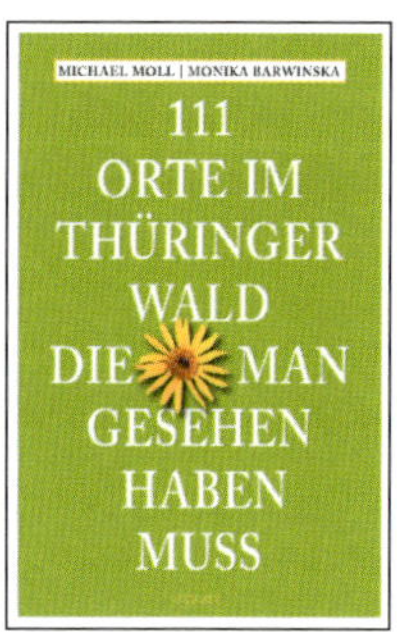

Michael Moll,
Monika Barwinska
111 Orte im Thüringer Wald, die man gesehen haben muss
ISBN 978-3-95451-515-8

Ulf Annel, Juliane Annel
111 Orte in und um Weimar, die man gesehen haben muss
ISBN 978-3-95451-201-0

Ingrid Annel, Ulf Annel,
Juliane Annel
111 Museen in Thüringen, die man gesehen haben muss
ISBN 978-3-95451-510-3

Der Autor

Ulf Annel, geboren 1955, ist eine Erfurter Puffbohne. Er studierte Journalistik, war Radioredakteur und gehört seit 1981 zum Ensemble des Kabaretts »Die Arche«/Erfurt. Er schrieb in der 111er-Reihe des Emons Verlags bereits verschiedene Bände.

Die Fotografin

Juliane Annel, geboren 1982 in Erfurt, studierte Pädagogik und Kunst. Nach dem Studium leitete sie Kinderateliers auf Fuerteventura und Kos und tourte durch Australien. Derzeit ist sie Lehrerin an einer freien Schule mit Montessori-Ausrichtung in Erfurt. Mehr als zehn Jahre lang war sie Mitglied der »Imago«-Kunstschule in der Thüringer Landeshauptstadt. Sie fotografiert seit Schulzeiten.